本书为 2021 年度河南省高等教育教学改革研究与实践项目——数字化背景下大数据与会计专业"一中心、五递进、五融合"教学模式研究（2021SJGLX746）阶段性研究成果

数字化转型中业财融合及其实现路径研究

吴 娟 著

吉林人民出版社

目　录

第一章　迷（的）升级业（财）融合的理论（此处重叠反印）

第一节　业财融合的内涵及发展

一、业财融合的内涵

（一）概念界定

"业财融合"中的"业"指的是企业的日常业务，包含生产经营的各个环节；"财"指的是一个广泛的财务概念，既包含财务会计的具体内容，也包括与此对应的相关管理工作；"融合"指的是打破职能边界，相互嵌合，协同工作。业财融合由单位应用管理会计的融合性原则演变而来，强调会计工作要突破职业边界，内嵌于企业的相关领域、层级和环节，以业务流程为基础实现财务与业务的有机融合。目前，学术界主要有以下几种不同的概念主张。

合作关系主张。吴金梅和陈生寿认为，业财融合是业务财务一体化的简称，其实质是企业市场经营线与行政综合线之间的协同与贯通。基于会计角度的分析，业财融合属于管理会计的范畴，为企业管理人员提供各方面的参考与分析。易宜红（2013）提出，各行各业都已进入"管理驱动型"增长模式，财务角色也将经历从"管账"到"管家"，从"记录员""监督员""分析员"到"业务伙伴"的变化，要求财务管理更好地与业务管理对接，促进企业提升资源使用效率，应对激烈的市场竞争。

合作与制衡关系主张。何瑛和彭亚男认为，业务和财务的融合需要以企业充分的信息化建设和人才培养为前提，在价值文化的指导下重塑财务流程，对业务进行全程财务管理，并在合理有效的绩效考核下对业财团队进行监督和激励。殷起宏和胡懿认为，业财融合是企业精益管理的表现，业务和财务是合作与制衡的关系——合作是业务需要财务提供决策支持，制衡是财务对业务进行监督和评价。

融合价值链主张。张庆龙认为，价值链管理需要通过业财融合实现业务财务的一体化。一方面，可以通过财务向业务前端进行延伸，打通会计与业务、会计与外部利益相关者的界限，实现信息的集成与实时控制。另一方面，财务与业务融合要关注业务链条中的不增值环节和节点，并利用信息化与智能化消除会计核算流程的不增值部分。

信息系统一体化主张。程平认为，业务财务一体化在网络、数据库、软件平台等构成的 IT 环境下，将企业经营中的业务流程、资金运动过程和数据流程有机地融合，建立基于业务活动驱动的业财一体化信息收集、处理、分析流程，使财务数据和业务信息融为一体。

简而言之，业财融合即财务与业务的一体化，业务信息与财务信息的结合，使财务部门可提前预测业务活动产生的经济效益的，不再仅仅依靠事后的分析总结，改变以往会计信息的滞后性，具体业务人员也能够第一时间收到反馈信息，从而使业务能更好地开展下去。在公司经营活动方面，包括规划、采购、投资、产品、营销以及客户服务等财务部门都能参与其中，将市场需求作为基准，财务的职能从对外披露报告财务信息逐步延伸到为企业管理员提供有用的资源与参考。信息化的发展是辅助其实现的主要方式，它将会计核算系统升级改造为涵盖各个业务核算的系统集合。当企业开展新业务时，业务统计系统把交易过程中产生的数据进行统计和记录，经过筛选处理后迅速将有用信息传递给会计信息系统。达到业务部门与财务部门的数据信息共享，同时数据的有效性、准确性能够得到保障。

（二）业财融合的特征与本质

1. "业务—财务"是一枚硬币的两面

任何营利组织都离不开价值创造这一终极目标。组织运营及价值创造过程，大体可分为业务经营与组织管理两大系统。其中，业务经营构成组织运营的总体框架，涉及组织战略、商业模式及经营计划，以及由此引领的"市场调研—产品研发与设计—要素采购—生产制造—产品销售—售后服务"等价值链各运营环节；而组织管理则是因组织规模、职能分工等因素而产生的各项专业管理体系（如人力、法律、财务等），它们共同支撑组织发展和价值创造。广义上的财务管理体系总是伴随业务经营而同步发挥作用，包括财务战略、投融资安排、现金流计划与控制、信息提供与决策支持、风险管理等，因其具有资源配置的战略导向性、财务信息的决策有用性、管理活动的全面综合性等特点，所以通常被视为组织管理体系中的核心。

上述"财务—业务"关系表明了如下几个方面的内容。

（1）业财融合是组织的天然属性、必然要求。业务经营作为一套运营体系，涉及组织战略的形成与执行、业务计划的制定、具体经营活动的开展等，财务管理作为一套管理体系，直接与现金流、信息等核心要素相关。

（2）业财融合的本质是"业务经营牵引财务发展，财务发展支撑业务经营"，组织运行中的业财融合是一个业务融入财务、财务融入业务的双向过程。初始状态下（即组织中没有独立的财务职能情形），业务开展会自觉、自发地考虑相关财务因素（如产品成本和盈利的计量），这些考虑大多属于非系统的、朴素的、非逻辑的、非职能性的，但当业务发展迫切需要这些财务因素支撑时，财务作为一项独立管理活动便应运而生，并衍生出会计核算与信息提供、决策支持、管理控制等一系列系统性的、科学精细的、逻辑化的、职能性的管理活动。在初始状态下，我们不能说业务开展可以没有财务管理，而只能说业务开展可以没有财务的职能管理；而在现代交易结构日益复杂、外部不确定性因素无处不在的今天，业务开展离不开系统化、精细化、逻辑化、职能化的财务管理。业务经营及其发展是驱动财务发展的基本动力（即业务经营主导并带动了财务管理）；反过来，财务的发展也规范并有效支撑着业务的经营。业务、财务的"双轮驱动"共同创造组织价值。

（3）权责体系与职能分工等不能也不应成为业财融合的障碍。组织因业务经营需要，产生各种专门的管理职能及分工协作，与职能分工相伴而生的是组织内部权力结构、信息报告结构等的相应变革，如权力结构的集中型、分散型或网状型，信息报告结构的自下而上、扁平化或共享模式等。

长期以来，在组织管理实践中，由于过于强调职能管理的专属性、专业性，产生了业务财务在一定程度上的隔离，甚至部分管理者误将业务财务的管理分工当作管理目的而非实现组织整体目标的手段，人为高筑"职能之墙"。现在看来，过于强调职能分工而忽视业财融合基础、忽略职能间合作，它们异化了组织管理的初心，进而导致为管理而管理、过度管理、无效管理等。因此，强调业财融合就是要回归管理本源：为业务发展而管理，为价值创造这一终极目标而融合管理，为打破职能壁垒，增加组织内外协调、协作和共生性而管理。

2. 业财融合、"公司等式"与价值创造

在业财融合原则看来，公司管理是公司治理框架下，由管理层主导并以客户、股东两个维度构建并相互交融的业务经营体系、财务管理体系。或者说，公司可抽象为"在业务经营上使客户满意、在财务管理上使股东满意"这样一种法人拟制，如同"资产＝负债＋所有者权益"会计等式一样，公司在某种程度上是围绕"客户满意（业务经营体系，CEO 主导）＝股东满意（财务管理体系，CFO 主导）"这一"等式"展开经营、管理的法律实体。借用会计等式概念，上述也可称之为"公司等式"。

（1）价值创造目标统驭"公司等式"。公司业务经营始于客户需求发现，终于客户需求满足，客户价值是公司价值增值之源；同样，公司股东是公司生存发展最重要、最宝贵的资源提供者，是公司价值创造的原动力。满足客户、股东需求是公司管理者的基本任务。在这里，业务经营体系上的客户是广义的，既指在市场上面对的终端客户，也指公司业务经营生态链中上下游客户以及延伸而开来的客户。

（2）平衡客户—股东的利益关系是公司价值创造应遵循的基本原则。经常的情形是客户、股东两者利益存在矛盾冲突，这种利益冲突可能既不是来自公司外部客户的要求，也不一定来自公司股东对公司管理者的业绩压力，而更可能是来自公司内部业务、财务这两条主线的管理者的角色差异与管理意识冲突。比如，来自业务线的经营者、工程设计和技术人员、营销人员等因角色差异、职业属性等，会过度关注产品（服务）设计、产品质量、售后服务要求等，且有超出客户在性能、质量等方面的期望（但客户并不因此付费）并加大成本投入的完美主义、"工程师式"的经营冲动，而忽略股东利益；同样，将股东利益至上作为公司信条，而置客户利益和公司长期竞争优势植于不顾，刻意降低成本的短视管理意识，虽一时能迎合或满足股东需求，但却以牺牲客户价值、牺牲公司长期价值为代价。可见，平衡客户—股东利益关系是公司业务经营者、财务管理者必须共同遵循的管理原则，它是业财融合原则在组织管理中的核心体现。

3. 业财融合是一个信息系统

业财融合是个管理会计议题，而管理会计的本质是一个会计命题，而非职能管理命题。CIMA 和 AICPA 发布的《全球管理会计原则》明确了管理会计是挖掘、分析、传递和利用与决策相关的财务与非财务信息，从而为组织机构创造价值并持续维持其价值。所以，管理会计的本源是一个信息系统，与此相关，业财融合也是为企业内部的决策与评价提供信息支持。

目前，管理会计的概念与定位上，有不少"管理会计直接进行战略决策，或者直接创造价值"等主张。其实，战略管理、运营管理、投融资管理、风险管理等含蓄地说是管理会计的外延性内容，直截了当地说却是管理会计概念边界的"帝国倾向"。管理会计本身并不直接创造价值，只是有助于企业创造价值。管理会计不直接制定战略和做出经营决策，它只是辅助企业制定战略与长短期经营决策，管理会计其实是一个决策支持系统。如果把企业的运作与管理视同一辆行驶的汽车或者一架航行中的飞机，管理会计系统其实就是驾驶员（飞行员）座位旁边的仪表盘。

作为管理会计命题的业财融合，并不是财务部门直接参与经营决策和经营活动。业财融合本质是一项企业的后台管理业务，主要从事的是信息确认、计量、记录、汇总报告，它是为企业内部各方面和各环节的管理者与员工提供能决策相关的信息。这个信息系统应该服务于创造价值、主导战略、控制风险、管理供应链、绩效管理、成本管控等。

当前，每家企业基本都有自己的信息系统，比如 ERP 系统、预算管理系统、经营分析系统等。那为什么还需要以业财融合为主旨的管理会计信息系统呢？主要原因如下：第一，现存的信息系统主要以公认会计准则而形成的财务会计信息为主导，过多的专业内容和术语使得非财会人员望而却步;第二,现在的信息系统多是"事后报告",信息沟通的时效性较差;第三,企业内部始终存在信息集成多部门、信息沟通多口径的问题,极易让信息使用者尤其是高层管理者感到迷茫;第四,现存的信息系统提供的信息不很精细,很难让信息使用者做出精准判断。这些缺陷与问题其实就是驱动业财融合的现实背景,或者说更新、优化、整合企业管理会计信息系统既是业财融合的驱动因素,也是业财融合的实质内容与艰巨任务。

4.业财融合并非仅针对管理会计

从广义的财务管理看,业财融合原则并不仅仅适用于管理会计。

(1)业财融合是会计信息生成和应用的基础。从会计信息生成看,没有真实业务交易也就没有真实的业务核算,没有对交易结构的深入理解,也就无法对交易进行有效分类并提供有用的会计信息。实际上,会计信息系统是基于交易分类的信息系统,且交易分类标准是多维的、可自定义的。如果不考虑会计准则的要求,则基于业务经营和管理需求而对业务交易进行多维的、个性化分类的会计系统,在本质上就是一个融信息提供与决策支持于一体的会计体系。可见,会计系统是组织自身所附着的一种计量、报告系统,它源于组织生产与资源配置所产生的信息,以及利用这些信息进行再生产、资源再配置。正是将会计信息的收集、整理、分析、解释、报告和使用等由专门部门来管理,才产生了组织内部的职能会计机构(部门与人员)。从会计信息应用看,组织经营活动所产生的这些会计信息,如果不能被反馈、应用以优化未来经营活动,不能为公司股东及其他利益相关者提供决策支持,会计系统也就失去了其存在的正当性、合理性。由上述对会计概念的分析不难看出,无论是财务会计还是管理会计,它们都隶属于"会计",两者分离只是一种学科意义上的人为分离。

(2)业财融合是财务管理特别是日常现金流管理的基础。公司日常财务活动总是围绕业务经营而展开,如为满足业务预期增长需要筹划资本来源及对外融资,为销售收款和采购付款等需要进行现金流规划与控制,为提高运营效率和资产质量需要制订相应的存货与应收应付款管理政策,等等。另外,从财务战略与长期投融资决策看,任何投资决策都始于对未来市场及业务的判断,市场及业务增长拉动投资,而投资决策则牵引融资决策和资本优化配置（它以资本结构优化和财务风险可控为根本），总之都是围绕业务这一"实体"而开展管理活动的。业财融合同样是财务管理的出发点、着力点，它既体现在财务支持、服务于业务的一面，也体现在财务规范、控制业务发展的一面。

（三）业财融合的特点

协同性。业财融合强调业务部门和财务部门的深度交互融合，双方需要解决语言不一致的难题，统一业财口径，达成共识。

全局性。业财融合涉及的工作范围广，影响整个企业的经营发展，其管理机制需不断完善，并同时得到企业管理层的重视和支持，在整个企业贯彻执行。

开放性。业财协同模式、业财融合工具方法会随着企业的发展持续更新，动态变化。其内容涉及范围广，在实际运营管理中不受财务管理边界影响。

过程性。业财协同对企业影响广且深，会对企业现存运营管理模式造成影响，如战略规划、信息系统、人员分工和数据管理等。业财融合应结合企业的实际情况综合考虑、分步开展和稳步推进。

二、业财融合的发展阶段

业财融合起源于传统分工理论的弊端。在很长一段历史时期内，人类都受益于亚当·斯密的分工理论，劳动的分化和专业化提高了劳动效率，降低了劳动难度，使得个体可以充分发挥自己的比较优势，社会生产力由此得到极大地提高。可是，随着企业规模的不断扩大，流程链的不断拉长，分工的不断细化，职业的职能范围不断缩小，随之也带来了一系列问题：流程链条过长使得线上的个体，无法站在整体的角度自我修正；生产链条之间仅了解并专注于自己的工作，缺乏沟通造成信息孤岛；决策人与操作人分离，间接迟缓的决策信息可能导致决策失误；交易费用、沟通协调成本以及资产专用导致的资源浪费……就财务部门而言，传统分工带来的最大缺陷在于会计信息及时性与完整性的不足，在分工体系下，业务由业务部门人员具体完成，会计信息通常由事后相关业务人员将相关成本、收入等原始信息上报，再由财务人员进行处理。虽然有合同、发票等原始凭证的支持，但是整体上财务是远离业务的，无法窥见业务进行的整个流程，获取的会计信息是不完整的，遗漏了非财务的层面。而且财务信息的事后搜集与处理导致了信息传导的滞后性，使得在业务进行过程中及时修正偏差成为不可能，严重影响了企业的内控能力。与此同时，出于自身职位要求，业务重业绩，财务重合规，两者关注点和出发点的不同使得财务与业务部门关系紧张，在进行财务工作时业务人员配合度差。为应对上述传统分工理论带来的问题，国内外经济学者又开始重新关注融合性原则和一体化理论，鼓励企业积极实施业财融合，打破职业之间的边界，让业财信息充分及时地共享，从而提高企业的内控水平，增强决策的客观性、科学性、及时性，提升企业的可持续发展能力和组织活力。

按照企业业财融合的深入程度可分为三个阶段，即萌芽期、成长期和成熟期。

第一个阶段为萌芽期，多表现为财务部门的内部创新，创新点体现在财务思路、财务方法以及财务工具上，不过内容还是集中在财务核算领域，典型的有 ABC 成本法、目标成本法等。

第二个阶段为成长期，此时财务与业务之间的边界逐渐打破，财务人员与业务人员之间的沟通交流增加，财务与业务开始互相关注对方领域的内容，初步协同开始，信息不对称问题得到一定程度的解决，信息化手段成熟运用，集成的业财信息平台初见模型，流程梳理基本完成，在流程关键节点采取了基础的业财共同控制手段，企业整体的业务财务协同网络初步搭建成型。

第三个阶段为成熟期，推行全面预算，构建业财融合绩效评价体系，完整的业财融合体系形成。依靠卓越的数据信息搜集、处理、分析能力，业财融合能将原始数据源高效准确地转化为决策信息，使管理者能快速反应、有据所依地做出决策。业财融合在帮助管理者进行科学决策，加强内部控制效果的同时，还能与企业总体战略规划、实施与考核进行有机地融合，支撑企业战略发展。

第二节　数字化时代业财融合的发展机遇与基本特征

一、传统意义下的业财融合

随着时代发展与社会进步，企业面对的市场环境日益复杂，传统财务会计与现代业务流程之间的矛盾与不协同之处，随着企业规模的扩大而愈发明显。

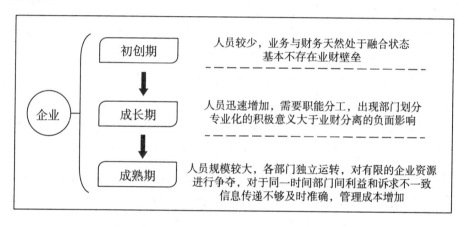

图 1-1　企业不同发展阶段的业财关系

如图 1-1 所示，企业初创期人员较少时，很少出现业务与财务分割的情况，但随着企业发展进入成长期，规模扩大、内部管理需求增加，此时部门职能划分就日益精细。在这一时段，业务与财务分离有利于企业的科学管理。但并不意味着，业务与财务分离是没有负面作用的，只是在快速发展的成长期，专业分工的积极意义大于业务与财务独立导致的一系列问题。企业继续发展，达到了一定的规模，进入成熟期。这时市场趋于稳定，企业长期竞争力主要取决于公司战略决策和运营。由于人员数量庞大，部门职能划分精细，为了维持合理的管理成本，亟需智慧的管理模式。过往各职能部门划分的管理边界此时显现出它的副作用。由于各职能部门的目标并不一致，出于各自追逐自身利益和目标的考虑，常常会得出完全相反的结论，使管理层在管理方面进退两难。企业资源总量有限制，为了争夺资源而内耗会导致各职能部门之间的矛盾，其中以业务与财务的矛盾最为激烈，也表现得最明显。

业财融合过程中，财务转变功能与角色，摆脱了过去仅停留在核算阶段的报告会计定位。传统财务仅专注于在事后核算和监督，评估业务活动的绩效并把获得的信息进行专业化地处理，向信息使用者进行反馈。业务财务一体化后，财务在原先的基础作用上，为业务部门提供服务，参与企业运营，以及在事前对业务活动以及业务活动的结果进行预测、设计、提供建设性意见的作用。这使得财务的作用在企业价值链中前移，在业财融合的公司管理体系中，不再仅仅作为一种技术工具来辅助业务，更能够参与企业战略管理，甚至改变企业财务价值的传导方向。

在当下阶段，世界经济增速减缓，国内经济结构转型的大环境下，无论从内部还是外部环境来看，业财融合对于已具有一定规模的现代企业来说，都可以提升企业价值。为应对外部竞争环境变化，企业的管理模式要转型升级，要寻求更科学化和更高效率的管理模式，并且这种转型升级要为企业带来切实的效益和创造价值。同时，企业内部的风险控制意识和风险管理的要求也越来越高，对于市场的预测，在价格、用户需求、用户画像等方面显得尤为重要，财务在企业中的地位也会相应发生变化。可以说，现代规模企业需要业财融合、需要科学管理、需要协同合作，为企业提升竞争力以及创造新的价值提供管理基础。

业财融合概念虽然已经为现代企业所普及，但是经过一段时间的探索和转变，仍大多停留在业务与财务人员沟通交流，或者简单地设计线上程序，使业务部门和财务部门能够实时地进行一定的信息传递等初级层面，虽然解决了一定程度的信息壁垒问题，但是还没有达到能够为企业创造价值的深度业财融合水平。

二、数字化时代的业财融合

为了解决传统业财融合深度不够的问题，信息技术开始在企业管理领域被大规模地应用。现代企业几乎都会利用一些信息化手段来进行企业管理，各类信息管理系统基本覆盖了企业的业务部门及财务部门的各种需要。但是，无论是业务开发系统还是财务软件，产生的数据基本都存储在独立的服务器上。现代研究表明，超大量的数据信息不仅其本身对企业进行决策有着重要的意义，并且数据与数据之间的关系也蕴含着很高的价值。由于数据信息分散在各个业务系统中，彼此相互独立，与财务形成割裂的状态。因此，要想利用数据与数据间的价值，必须要将这些数据进行深度地分类、整理、加工、分析，得出能够支撑企业管理决策的信息。而这个加工的过程必定会运用到以"大智移云"为代表的信息技术。"大智移云"是指大数据、智能化、云计算、移动互联网、物联网等信息技术的综合与互联，并且能够利用这一综合技术进行数据收集、整合、处理、分析等智能化工作。

（一）"大智移云"背景下业财融合的发展机遇

1. 为业财融合提供新思路

业财融合并不是新概念，它是管理会计的本质话题，而基于"大智移云"时代的业财融合则具有新的实践意义。"大智移云"时代背景对企业管理会计提出了新的要求，企业为了应对海量数据、技术变革等给市场带来的冲击以及消费者需求的变化，不得不打破传统管理会计的思维与方式，重新构建管理会计体系假设的新思路。例如，"大智移云"背景下的企业业财融合将会更多地依赖于数据，以数据为纽带链接财务部门和业务部门，利用互联网、大数据等技术寻求业财融合创新发展，这有助于企业摒弃旧思维，以新的思路解决过去的业财融合难题，扩大管理会计适用范围，有效地推进业财融合。

2. 为数据处理提供新技术

运用"大智移云"等新兴技术，企业便可以选择建立全局性的业财一体化信息系统，或者将分离的财务管理系统和业务管理系统进行高度串联。全局性的业财一体化信息系统应具备完善的数据处理程序。

首先，数据收集更多样。传统的管理会计数据收集范围较为狭窄，仅仅为企业内部的财务数据和常规的业务数据，数据形式多以结构化数据为主。针对内容更丰富，数量更多的半结构化和非结构化数据，一来企业收集数据难度较大，二来即使数据收集到位也无法有效地进行整理。有了"大智移云"技术的支持，企业可以在基础层面利用智能设备进行数据采集，这些智能设备对接业务系统，基层业务部门可以通过人机交互与物联网，获取大量的数据，同时拓宽传统管理会计数据收集的范围，可以使企业内部的财务数据和业务数据延伸至外部各种媒体信息，从单一的结构化数据延伸至多种半结构化和非结构化数据。

其次，数据存储更海量。随着数据收集的种类和数量变多，企业对数据存储的要求日益提高。随着"大智移云"技术的引进，进入系统的数据被分子信息模块用设定的规则和逻辑过滤和分类，按管理与决策的需求进行归纳、整理和初级呈现。其中，云平台和分布式存储技术能够为企业提供充足的数据存储空间，将业财融合过程中所收集的数据有序存放，不仅能节省企业内部存储空间，还能利用数据共享的方式将数据进行整合管理，更加方便数据的调度与分析。

再次，数据分析更加深入。数据分析是解决业务融合难的重点。由于对数据的分析不够深入，财务往往不能提供更加有效的信息去参与业务决策，也不能对业务成果形成更客观的反馈。传统的分析技术由于计算能力不足，采用抽样技术去统计分析，扩大了数据分析的偏差；并且传统的分析技术针对半结构化和非结构化数据无法达到分析目的，不能将收集到的数据最大限度地转化为有效信息。由于新兴技术的发展，企业可以运用大数据建模和云计算技术，将先前收集到的信息进行深度分析处理，最终形成企业管理所需的各类报告，再反馈给财务业务一体化平台。全局性的业财一体化信息系统容纳了业务系统和财务系统，在整个数据转换过程中保持着低失真高效率，全程由电脑自动进行决策，解放了人力的同时，也能降低了人为的干扰和错误。

最后，各级管理层利用移动互联网可以随时随地访问数据，并且可以对企业运营状态进行监控。企业内部的管理活动由于业财融合的程度加深而变得越发高效智能，现代企业以新兴信息技术作为助力，业财融合程度更高，企业可以更快走向智能化管理。

3. 为内部管理培养新人才

一方面，"大智移云"背景下，我国对于培养管理会计人才愈发重视，强调复合型人才的重要性，鼓励管理会计人员提升对互联网技术等方面的能力，为企业推进业财融合提供了人才基础。另一方面，大数据、人工智能等技术代替了部分会计职能，这在给现代财务人员带来职业压力的同时，也改变了财务人员的观念。会计人员应当拓宽思维，不能仅仅将精力投入财务活动上，还需要具有经营理念；同时，企业业务人员也应当具备财务思维，从而提升自身价值，重塑形象。因此，"大智移云"背景激励着财务人员、业务人员等相关人员竞相拓展自身能力领域，以满足时代要求，这也有助于企业业财融合的推进。

在技术加持下，企业业财融合大致要经历三个阶段。

第一个阶段，简单电子化阶段。企业逐步将线下事务转移至线上。构建线上平台，将纸质文件转化为电子文档，可以方便数据的提取、交换和保存，这一定程度上能够解决信息交流的效率问题。但简单的电子化仍然面临着诸多问题，比如业务流程杂乱，导致系统建设没有规划，各独立业务单元以及财务单元，随意搭建系统，导致重叠情况严重。如图 1-2 所示，各分组织为了简单电子化而纷纷建设了独立的线上系统，这些系统之间无法进行线上信息传递，不能覆盖全部业务与财务工作，甚至出现功能事务重复的情况。

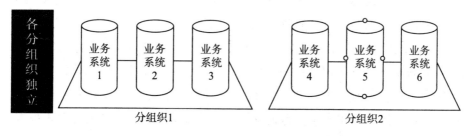

图 1-2　简单电子化阶段内部系统

第二个阶段，集中信息化阶段。打破业财壁垒，实现全流程信息化。将企业内部的各个分组织应用系统进行统一的改进和优化，梳理业务流程，按照业务逻辑规划系统的功能，制定一致的标准，打通各个系统之间的数据传送通道。在消除业财壁垒这个环节，不仅要靠技术实现连接，还要靠各级管理层对企业的全流程进行分解和重构，以达到具体业务能够被计算机理解和处理的水平。

第三个阶段，决策智能化阶段。在利用人工智能、"大智移云"等新兴技术，对企业的组织、流程、财务以及业务逻辑进行重构后，企业的经营和管理决策都趋于由计算机完成，人工在其中充当的是一个补充和复核的作用。这一阶段的企业的经营循环，不再是以往的"生产什么决定销售什么"，也不再是"售价以成本为基础"，而是"需求什么就生产什么"，是"目标受众人群决定价格区间，以价格溯回决定成本范围"，可以说在技术加持下实现了深度业财融合的企业，是"智慧企业"。

正是"大智移云"这样的颠覆性信息技术，使得企业有能力建立智慧系统支持体系来实现业财数据的自动对接和高速分析。建立全局性的业财一体化信息系统可以彻底提升业务与财务之间的融合水平，从而扭转各职能部门相互割裂、各自为政的传统管理现状。建立业财一体化的信息系统后，信息传递更加具有时效性和真实性。企业的经营和管理由计算机替代，同时预留人工决策通道，这样就可以实现线上线下结合的综合管理。

（二）数字化时代业财融合的基本特征

大数据是互联网发展到一定阶段的产物，大数据技术在各个领域中的广泛应用，为其他领域的发展提供了技术支持。大数据技术在财务管理中的应用，大大提高了财务管理部门的工作效率，同时改变了会计的工作职能；有传统的基础性会计工作（如入账、出账、报税等）向财务数据分析、财务数据挖掘、业务部门服务等转变。业财融合就是让财务部门与业务部门融合，能更好地让财务部门进行数据挖掘，更加科学有效地分析数据，转变企业会计的工作职能，为企业的发展与决策提供可靠的财务分析报告，同时大大提高了工作效率，保障了工作质量。

1. 财务会计向管理会计转型

大数据技术在财务管理部门的应用改变了企业会计的工作方式，一些财务会计的基础性工作可以利用财务软件完成，节约了人力、物力与财力，同时提高了工作效率，保障了工作质量。现代企业需要的是懂预测、会决策的管理型会计，业财融合有利于财务会计向管理会计的转型发展。在大数据背景下实现了财务一体化，通过财务管理软件对企业各个部门的信息都可以进行监控，比如订单信息、质量评价、市场行情等，这些信息对企业财务部门的财务预算能起到重要保障作用，现代的企业财务管理部门不是简单的记账，而是要为企业的发展与决策提供可行的财务分析报告，这是企业可持续发展的核心因素。财务会计向管理会计转型是现代财务管理发展的需要，同时也是现代企业发展的必然结果，业财融合有利于财务会计向管理会计的转型发展，也加快了财务会计向管理会计的转型。

2. 会计信息质量得到提高

企业业财融合一体化建设中利用大数据技术能够大大提高会计信息质量，进而提升业财融合效率。企业通过大数据技术可以在业财融合模式中建立统一的财务管理信息平台，进而最大限度地提升各业务部门财务管理信息的真实性和完整性，并促进各业务部门财务管理流程的规范性。大数据技术的应用使得企业在业财融合一体化中的会计信息的真实性和透明度得以提升，进而有助于财务资源更好地配置到关键业务活动中，减少财务资源的错配。同时，在业财融合模式中构建完善的财务管理信息平台，有效规范了各业务部门人员的业务活动和财务活动，减少各业务部门和财务部门私立行为的出现，保障了企业整体经营效益，同时促进了财务部门和业务部门之间的信息传递和交流合作，增加了财务部门与业务部门以及业务部门之间的经营管理活动的一致性。因此，在大数据技术支撑下的业财融合一体化建设加速了财务部门和业务部门的信息传递，最终降低了企业内部会计信息的不对称性，增强了企业整体会计资料的规范性，有效避免了财务部门与业务部门的虚假会计信息编制行为。企业通过大数据技术建立统一的财务信息平台，使得业务与财务的融合更加有效，大大提升了各业务部门经营管理目标的一致性，增强了各业务部门在资金收支、成本控制、预算管理等财务管理活动方面的规范性，保障了企业的整体利益。

3. 财务风险防范能力有效提升

在业财融合一体化模式下应用大数据技术，不仅能够建立贯穿企业各业务活动、覆盖各业务部门和人员的财务信息平台，还有助于增强企业财务风险防范意识，提高企业各业务部门财务管理活动的一致性。大数据技术在业财融合一体化模式中的实施能够增强企业决策者的财务信息获取能力，降低财务部门和业务部门的财务信息不对称程度，进而促进企业财务管理决策更加科学、合理，有效增强企业财务风险抵抗能力，并减少企业财务资源和经营资源的浪费，保障关键业务活动的顺利开展。同时，大数据技术在业财融合一体化中的应用，有助于企业财务管理部门将各项资源聚焦在关键业务上，保障重要财务资源能够配置到效益更高的业务活动中，有利于企业准确抓住市场机遇、占据市场份额、提高经营效益。另外，企业通过在业财融合一体化模式中应用大数据技术还有助于及时发现和防范各种潜在财务管理问题，进而帮助财务部门及时构建财务风险预警机制，优化财务管理制度和流程，并实现对各业务部门的财务管理活动的全面控制，使企业的业财融合模式更加灵活、开放，能够有效应对外界市场环境变化、政策环境变化。企业在业财融合模式中应用大数据技术大大提高了财务部门对各业务部门的成本、收入以及利润等信息的获取能力，进而有助于财务部门及时防范和应对财务风险、保障财务稳定。

第三节　业财融合与财务管理职能转型

一、财务管理职能转型的方向

在新时代大环境下，企业财务管理职能转型被视为推动企业改革发展，是实现企业价值最大化的重要方法。财务管理职能转型的方向主要包括以下三点。

（一）财务管理智能化水平提升

一直以来，财务工作操作的重复性问题凸显，记账、校对等大量依靠人工完成的方法在实际效率和准确性上都存在一定的弊端。未来，随着财务管理职能的转型推动以及财务业务统筹性程度的加深，财务管理工作将朝着信息化、智能化、一体化的方向转变，随着财务管理智能平台的建构完成以及数据共享平台的应用，将提升企业自身的综合实力。

（二）财务管理重点由货币记录转为经营指导

在整个财务管理职能转型的过程中，货币记录的功能势必会逐步弱化，而财务管理部门更多的是要借助在数据整合方面的优势，综合企业运营状况、行业发展动态、社会经济形势、资本存量情况等数据信息，形成科学合理的报告资料，从而实现对企业经营的指导，用客观的数据支撑企业不断适应市场化进程，提高应对市场变化的反应速度，优化企业产业结构，提升企业竞争优势，实现资源整合。

（三）财务管理中的价值管理重要性凸显

传统财务管理工作的实质是加速回收应收账款，延迟支付应付账款。而随着财务管理职能的转变，价值管理将成为财务管理的实质性工作，帮助企业实现资源价值的最大化。价值管理的核心内容是实现企业资源的高效利用和增值保值，在企业战略规划的范畴内，实现人、财、物的优化配置。可以说，财务管理中的价值管理部分，是助推企业发展的第二生产力，有利于提升企业在行业内的竞争力。

二、业财融合背景下财务管理职能转型路径

（一）加强财务管理和业务流程融合程度

企业财务一体化系统加速了企业财务由会计与核算职能向管理与分析职能的转型。传统模式下财务部门只将财务数据化管理作为大部分工作内容，未能与企业生产经营过程进行有机地结合，没有融入企业生产经营中，因而不能更好地为企业创造效益。财务一体化系统通过以下几方面将业财流程重组、职能重构。

1.落实基础会计核算职能

通过系统的强制性限制规则来规范会计做账方式，排除传统手工做账的随意性，降低低级错误的发生和人为干预数据的可能性。

2. 建立基础财务数据支持保障体系

借助财务一体化系统，实现对企业整体资金与财务状况的掌控。据此形成基础财务数据支持保障体系，数据的来源更广泛，支持更有力，视野更辽阔。完善数据的自动化处理，有效提高数据的实用性与准确性。

3. 完善预算管控制度

通过预算系统既能有效推动企业完善全面预算管控制度，降低预算外事项发生概率与频次，积极发挥预算引领作用，又能让实际业务的执行有据可循，保证企业决策拥有良好的预见性。

4. 提升数据共享程度

财务一体化系统为企业建立财务共享体系提供了切实可行的渠道，为业务部门与上级部门的工作提供精准的数据保障，减少人为干预数据的可能性，提升数据共享水平。

（二）强化业财一体化体系与软件支持

财务业务一体化的实现需要依托高速网络、信息数据库、管理平台等要素共同构建的体系环境，并且需要有软件的支持以保证各项工作的完成，为此，在进行体系构建与软件研发时，企业要充分了解财务部门与业务部门的使用需要，与专业人士沟通软件的适用性和可行性，避免体系与软件在实际应用过程中出现水土不服的情况，提高工作人员的上手速度与适应程度，从而发挥体系与软件的支撑作用。

（三）推动财务管理职能转型

推动财务管理职能转型要坚持循序渐进的原则，考虑问题要全面具体，要做好对风险的防控工作，将风险管理放在财务业务一体化与财务管理职能转型过程中的重要位置，利用预警、识别、评估等一系列手段，将风险控制在合理范围内。财务管理职能转型要向着价值创造的方向转型，要明确财务部门是企业价值管理者的职能定位，将财务工作重心由原来的货币记录向风险把控与价值提升方面转移，在提高管理水平的同时，切实将财务管理的价值提升功能上升到更高的高度。另外，在财务管理职能转型的过程中，要突出财务的服务职能，为业务工作的开展做好预测、数据支持、评估等工作，使得业务工作的开展更加客观和科学。

第一，完善财务职能模块建设。在财务管理职能转型的过程中，要注意对工作流程的集中化、标准化、流程化建设，细分财务管理的职能模块，建立包括战略财务、业务财务、共享财务等在内的财务职能，一方面为管理层提供决策支持，另一方面更是保证财务数据及时有效转化为业务信息的重要举措。各财务职能模块之间是彼此支持、彼此协作的支撑关系，是构建现代化财务管理模式的重要内容，通过对财务职能模块的细化，有利于提高财务工作的针对性，适当节约财务工作人员的时间和精力，更好地完成内控、预测等与企业战略规划相关的财务管理工作。

第二，完善财务职能架构体系。传统企业财务职能架构一般分为三层，即管理决策层、财务核算层、业务执行层，三个流程的关系如图1-3所示。

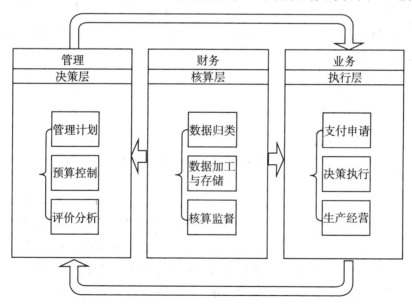

图1-3 传统企业财务职能架构

财务一体化系统的上线，改变了传统企业"上传下达"式的财务职能架构，减少了业务流转的层次，提高了流转效率，使数据得以快速传输，进而提高企业财务管理整体环节的运行效率。系统通过充分加强业务流程与财务之间的内在数据关联来达到业财融合的效果，数字化时代企业财务职能架构如图 1-4 所示。

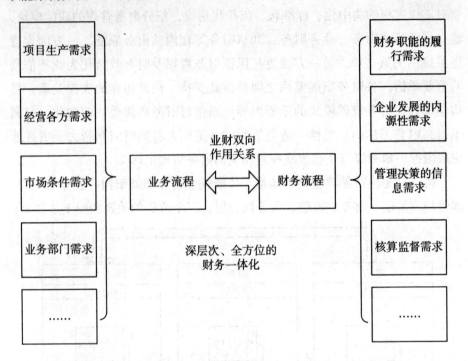

图 1-4　数字化时代企业财务职能架构

企业财务职能体系的转变，主要表现为，应尽量减少初级重复性会计核算人员、收费管理层次，扁平化发展现有的组织架构。通过这种方式，实现财务业务工作流程的优化。同时，把财务业务相关的权利，下放到财务一体化的组织结构中，可以避免线下层层审批上报所耗费的时间，不断提高企业的业财信息决策与传递效率，进而使企业整体财务管理得以高效运转。组织架构的扁平化，通过将部分领导权力下放至一体化流程中，减少了相关人员的工作负担，从而极大地提升了业务处理的准确性和高效性，无形中提高了企业的运行效率。

（四）完善企业组织体系

第一，企业应减少管理层级，缩减管理人员，其根本目的是减少财务业务工作的相关流程，实现权力下放，提高工作效率。只有当权力下放到财务业务一体化组织当中，才能避免层层上报造成的时间浪费和精力损耗，财务业务数据信息的时效性和及时性十分关键，只有直接与决策层对接，才能更好地体现财务业务一体化的优势和作用，从而提升企业整体的运转效率。

第二，在职能部门方面，财务一体化系统的进一步推广使用在一定程度上改变了企业部门的原有工作方式。一方面，要有财务管理部门和业务部门之间的相互监督协调，以此保障一体化系统数据的精确性和可靠性。另一方面，财务一体化系统因其固有的存储特性提升了数据流转的严谨性，人为可干预的空间较小，细小的数据错误都会层层关联持续放大，财务数据造假的风险性大大提升。

（五）提高相关工作人员专业素养

一方面，针对企业业务部门工作人员而言，第一，业财融合极大消除了数据孤岛现象。系统将业务发起端前置，如商务合约部门录入合同与结算信息、物资部门录入物资出入库信息、普通职工填制报销单据等。这些数据初始输入都与后端财务核算系统紧密关联；第二，通过财务一体化系统，业务部门与财务部门联系渠道多样化，沟通频率常态化，有助于降低企业运营成本和运营风险，化解业财部门隐形矛盾，提升企业运营效率。另一方面，财务一体化系统的实施，要求财务人员要具备较高的综合素质与管理观念，要求从业人员不断提升自我综合素质，加强与业务部门主动联系，树立企业整体理念，否则将无法与企业高速发展相适应，最终沦为企业淘汰对象。

第二章　ERP 系统在业财融合实施过程中的思考与应用

借助 IT 技术的飞速发展与应用，ERP 系统得以将很多先进的管理思想变成现实。ERP 系统不仅仅是一个软件工具，实际上也是一种管理模式。企业若分支机构多、地域分布广，借助系统应用统一了业务流、凭证流，提升了集中管理与运作能力，通过各模块业务集成促进了企业各项业务的充分融合。

第一节　ERP 系统概述

一、ERP 的概念

ERP 系统通过信息技术实现先进的管理思想，反映时代对企业合理配置资源，最大化地创造社会财富的要求，成为企业在信息时代生存、发展的基本条件和营运模式。我们可以从管理思想、软件产品、管理系统三个角度来理解 ERP。

第一，ERP 是一种管理思想。ERP 体现了一系列的先进管理思想。

第二，ERP 是一种软件产品。ERP 是综合应用了现代信息技术的最新成果。

第三，ERP 是一种管理系统。ERP 是整合了企业管理理念、业务流程、基础数据、人力物力、财务、计算机硬件和软件于一体的企业资源管理系统。

综上所述，我们可以给 ERP 一个较为简洁的，同时又能够反映出 ERP 管理思想最核心的定义：ERP 是利用现代信息技术，将以系统化计划管理为核心的一系列先进管理思想运用于企业管理之中，面向整个供需链，以合理配置企业资源为目标的一种综合管理应用体系。

二、ERP 所蕴含的管理思想

ERP 是一种综合管理应用体系，不要认为 ERP 仅仅是一种计算机软件。实际上，ERP 更是一系列管理思想的综合，通过计算机软件等现代信息技术而付诸企业管理实践。

（一）系统化计划管理

ERP 最核心的是通过系统化的全面计划管理来合理配置企业所有内外资源，尽可能消除企业供需链上可能存在的无序、相互冲突的问题，使整个供需链有条不紊地运转，发挥出企业资源的最高效用。

ERP 系统中的计划体系主要包括主生产计划、物料需求计划、能力计划、采购计划、销售执行计划、利润计划、财务预算和人力资源计划等，而且这些计划功能与价值控制功能已经完全集成到整个供需链系统中。此外，ERP 系统通过在事务处理发生时的动态会计跟踪，保证了资金流与物流的同步记录和数据的一致性，可以实现对资金的追踪。

（二）供需链管理

现代企业的竞争已经不是单一企业之间的竞争了，而是供需链之间的竞争，企业必须把自身资源结合经营过程中的有关各方，如供应商、制造工厂、分销网络、客户等纳入一个紧密的供需链中，获得竞争优势。

供需链是物流、资金流、信息流的统一体，信息流反映物料和资金的流动。供需链上物料流动的过程实际上也是一个增值的过程，因而供需链也可称增值链。减少非增值的环节就可以减少浪费，供需链管理就是使企业与其供需链中的其他企业协同工作、协同管理，共同为客户提供优质的产品和服务，共同降低成本和库存。供需链管理不再针对企业的某一个元素，而是从根本上集成所有元素，包括分销、制造、存货控制等，从整体上优化企业。而且管理的范围将扩展到企业外部，包括与企业关系紧密的商业伙伴。供需链管理是在满足服务水平需要的同时，为了追求系统成本最小而把供应商、制造商、仓库和商店有效地组织在一起来生产商品，并把正确数量的商品在正确的时间配送到正确地点的一套方法。ERP 系统正是适应了这一市场竞争的需要，实现了对整个企业供需链的管理。

（三）信息集成

自 20 世纪 50 年代中期计算机投入商业应用以来，为众多企业开发了形式多样的计算机辅助管理系统，如电算化会计核算、人事工资管理、库存管理、档案管理等，使得各个部门的工作效率有了显著的提升。然而，这些系统往往缺乏统一的整体规划，能够带来单个部门效益的提升，却无法带来企业整体效益的提升。系统之间无法共享信息，数据重复录入，甚至相互矛盾，这就是所谓的"信息孤岛"现象。

企业销售人员无法通过孤立的信息系统，获得产品和市场的状态信息，所以难以做出准确的预测。生产计划人员在安排生产时，无法通过孤立的信息系统获知生产车间的产能现状，导致生产能力不均、产品积压；采购人员无法通过孤立的信息系统，获知各种物料的库存可用量和需求量，所以库存难以控制；生产管理人员无法通过孤立的信息系统，获知某笔生产订单在各个工序上的完工状态，所以产品成本和质量难以控制。由此可见，信息集成和整体业务的优化是提高企业整体效益的基础。

ERP 将企业的设计、采购、生产、财务、营销等各个环节集成起来。共享信息和资源，有效地支撑经营决策，实现整个供需链上的信息集成。

信息集成是企业管理信息化的目标和方向之一。信息集成必须做到对信息或知识的有效储存、传递、管理和应用。从 MRP 到 ERP 的发展，是信息集成应用范围不断扩展的过程。

三、企业 ERP 业财一体化系统实施过程

企业 ERP 业财一体化系统具体实施共分五个阶段，各个阶段循序渐进，严格按照基于交付件的项目管理方法推进项目实施工作。

项目准备阶段：企业制定了项目整体实施计划，成立了项目组，营造一个良好的项目工作氛围。

蓝图设计阶段：项目组按采购到付款、销售到收款、生产到成本、项目到核算业财一体化实施目标开展业务流程梳理工作，业务流程梳理工作

以讨论的形式开展，讨论结果形成业务蓝图文件，并以此作为系统实现的指导文件。

系统实现阶段：项目组根据业务蓝图文件开展系统定向配置和定向开发工作，将企业业务蓝图文件通过技术手段固化到 ERP 系统中。在此期间进行企业 ERP 系统用户权限收集和角色分配，并基于此角色开展系统业务操作，根据用户角色对关键用户开展全面的培训工作。关键用户按照业务角色开展系统功能单元测试和业财一体化、集成化测试，通过测试工作验证系统功能满足业财一体化目标。

上线切换准备及系统上线阶段：对最终用户进行培训和知识转移，让用户熟练掌握系统操作。开展静态数据收集和动态数据收集并完成初期导入工作，使系统正式上线运行。系统正式上线运行后的第一天，为集中进行系统上线期间的动态数据补录时间，通过动态数据补录，确保企业所有业务数据全部迁移到 ERP 业财一体化系统中。

上线支持阶段：因 ERP 业财一体化系统是一个高度集成化系统，用户对新理念和新系统的使用和概念理解有一个逐渐熟悉的过程，在此过程中做好用户操作支持是非常重要的。在此过程中，根据系统运转效果进行系统配置和程序调整也是一个必要的过程，以确保系统更加贴合业务实际需求。

经历以上五个阶段后，ERP 业财一体化系统正式进入正常运行阶段，在此阶段，项目组对系统运行数据进行密切关注，通过财务报表数据实时反映业务端数据执行情况，将系统业务数据与实际业务开展情况进行对比分析，业务数据全线上线，有效地实现业财一体化。

四、ERP 系统中业财融合实施的优势

（一）ERP 系统下企业管理的优势

ERP 系统是信息化时代的产物，在企业管理方式上发挥了极大优势。采购环节、生产环节、经营环节和财务核算在 ERP 系统中形成一个有机体，企业的各部门、各业务管理体系和各经营环节统一于财务管理中，则可对企业经营状况进行多层次、全方位地反映，从而对企业进行全面管理。

（二）ERP系统下企业业务数据的优势

第一，ERP系统实现了人工操作数据向计算机处理数据的转型，能将数据及时反馈、处理，便于管理者进行及时地预测和决策。第二，数据输入和存储方式由纸质文件向数字化文件转变。企业信息的各个环节均采用计算机存储，使企业信息集中，便于查询和计算。第三，数据集成化，财务工作前置。ERP系统以各种方式处理数据，并及时准确地对数据做出报告和分析。

（三）ERP系统下财务报告的优势

ERP系统实现了现代财务报表的汇总模式，由传统的汇总模式向传递模式转变，直接从ERP系统中提取数据并生成报表。在云计算、网络化的时代，使得报表的格式越来越趋于标准化和规范化，为企业自身的财务核算节约了人力和资金；同时，也便于不同企业之间财务数据的比较。

第二节　基于ERP系统的业务财务流程重组

一、基于ERP系统的存货业务财务流程规划

（一）存货业务和存货账务一体化的概念

企业存货业务与存货财务一体化主要是指企业存货资产及物料与财务核算的双向信息交互共享，主要包括固定资产购入、报废处置，原料类存货购入、退货，生产领料、退料及公司间调拨，主营业务产品销售出库、销售退回及企业资产盘点差异处理驱动的财务核算处理。通过ERP软件从单据到财务核算凭证到报表查询双向穿透联查追溯。

（二）流程规划图

公司存货业务财务流程规划遵循以下几个基本原则。

1.站在企业经营管理的角度整体规划存货业务解决方案和财务处理解决方案，把所有存货业务数据与其上游生产、销售、采购源头数据及其下

游财务出入库成本核算处理数据整合在 ERP 系统中央数据库里,实现权限管理基础上的信息共享。

2.存货业务作为企业经营管理中物料流动的核心枢纽,具有承上启下的作用,直接影响企业对存货资产的判断、规划以及影响客户 CRM 前端 APP 线上下单。

3.仓储中心岗位人员实行账务分离原则,并利用 WMS 先进先出原则,由叉车智能化引导作业,月底通过 WMS 系统与 ERP 系统自动对账。

4.启用库存 ABC 分类管理,由于存货物料价值和成本占比不同,对各物料按照二八原则,进行 ABC 分类,系统可以自动出具不同维度的期初收入、期间收入、期间发出、期末存余数量和价值信息,这些数据是企业存货资金占用规划和采取措施的重要依据。

5.启用库存物料批号管理和有效期管理(除五金备品备件和办公低值易耗品),ERP 系统预警平台实时自动跟踪物料有效期,根据企业制定的有效期管理规则,通过邮件和系统弹窗方式发送至相关管理岗,能够避免不必要的存货减值。

基于以上原则,企业存货管理流程规划可设计如下图 2–1 所示。

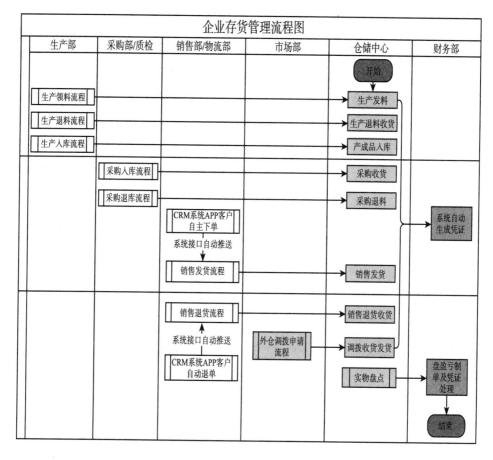

图 2-1 企业存货管理流程规划

（三）基于 ERP 系统的企业存货业务财务流程配套制度

1. 企业存货业务财务流程描述如下表 2-1 所示，以采购入库为例。

表 2-1 企业存货业务财务流程描述

序 号	采购流程环节	责任岗位	规划业务流程描述	涉及 ERP 单据操作
1	采购计划	采购计划岗	根据生产计划、维修计划、紧急采购申请单和配方管理下达各科室采购计划	紧急采购申请单

33

续 表

序 号	采购流程环节	责任岗位	规划业务流程描述	涉及 ERP 单据操作
2	采购询价比价	采购专员	按照招投标管理办法和常规采购管理执行	OA 采购询价情况说明
3	采购合同	采购专员	签署并盖章采购合同	
4	采购订单制单	采购专员	按照合同标的和 ERP 制单规范下单	采购订单
5	采购订单审核	采购计划岗	参照计划和审批合同，审核采购专员的采购订单	采购订单审核
6	供应商送货报检	采购专员	报检申请	采购到货单制单
7	货物质检	质检专员	按照质检标准进行货物质量检验，并上传质检报告	采购到货单审核
8	采购货物清点	仓库实物管理专员	进行实物清点	采购入库单制单
9	采购货物入账，打印单据	仓库账务专员	ERP 系统记账，单据打印并于每天下班前将单据传送至核算科	采购入库单记账
10	入库成本计算	核算专员	入库成本确认	入库成本计算
11	单据生成凭证	核算专员	通过系统会计平台自动生成暂估凭证，确认并打印凭证	凭证审核记账
12	数据输出	各权限岗位	查询各类报表	

2. 根据公司管理要求所有单据信息流必须及时准确，任何物流移动必须按照标准规范及时登记单据流信息，以保证各企业管理口获取报表数据即为实物数据，审计部定期抽查，信息部通过 ERP 系统内部审计功能定期输出单据流转周期报表并推送集团办公室，根据集团奖惩管理办法执行并通报。

3. ERP 流程优化由各流程环节主管在 OA 上做申请说明，信息部 ERP 需求分析师对接调研、牵头组织反馈流程优化处理结果。

二、基于 ERP 系统的采购业务财务流程规划

（一）采购业务与应付账款一体化的概念

企业采购业务与应付账款一体化主要指企业基于原材料采购、资产采购、服务采购、贸易直销采购，业务驱动的采购入库、采购退回、采购发票、采购红票、采购应付款、采购预付款、采购付款财务核算处理，通过 ERP 软件从单据到财务核算凭证到报表查询双向穿透联查追溯。

（二）流程规划图

公司采购业务财务流程规划遵循以下几个基本原则。

1. 站在集团企业经营管理的角度整体规划采购业务解决方案和财务处理解决方案，把所有采购合同数据、采购到货数据、采购入库数据、采购预付款数据、采购应付款数据、采购发票数据及其下游财务入账核算处理数据整合在 ERP 系统中央数据库里，实现权限管理基础上的信息共享。

2. 按照采购业务模式和采购科室分别管理采购链条信息流和资金流，作业处理及时、准确、规范，打通采购业务和财务应付余额处理的部门信息壁垒。

3. 启用供应商资质准入管理和供应商到货及时性管理办法，确保采购作业的合法、合理、高效。

4. 按照物料消耗规律启用不同的采购策略，目标是协助管理层实现降低库存，减少资金占用，保证连续生产。

基于以上原则，企业采购业务流程可设计如下图 2-2 所示。

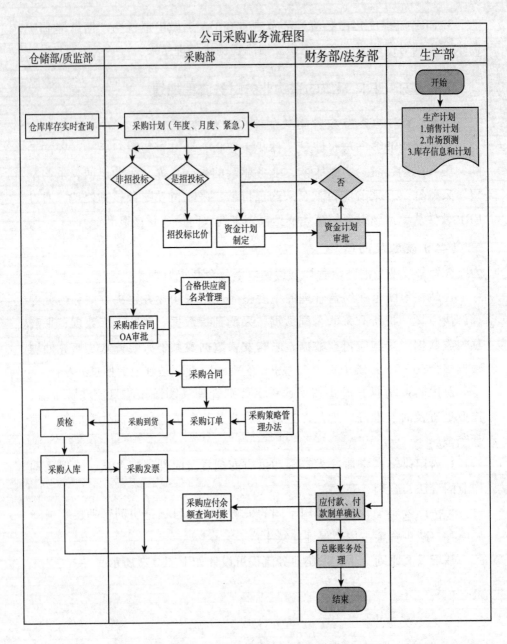

图 2-2 企业采购业务流程规划

（三）基于 ERP 系统的采购业务财务流程配套制度

1. 企业采购业务财务流程描述如表 2-2 所示，以采购入库为例。

表 2-2　企业采购业务财务流程描述

序 号	采购流程环节	责任岗位	规划业务流程描述	涉及 ERP 单据操作
1	采购计划（分为年度计划、半年计划和阅读计划）	采购计划岗	根据生产计划、维修计划、紧急采购申请单和配方管理下达各科室采购计划	
2	采购询价比价	采购专员	按照招投标管理办法和常规采购管理执行	OA 采购询价情况说明
3	采购合同	采购专员	签署并盖章采购合同	
4	编制费用付款申请	采购专员	采购发生的预付款费用，系统内手工编制付款申请单；线下参考资金计划，预算外需要提前申请资金	付款申请单
5	采购订单制单	采购专员	按照合同标的和 ERP 制单规范下单	采购订单
6	采购订单审核	采购计划岗	参照计划和审批合同，审核采购专员的采购订单	采购订单
7	供应商送货报检	采购专员	报检申请	采购到货单
8	货物质检	质检专员	按照质检标准进行货物质量检验，并上传质检报告	采购到货单
9	采购货物清点	仓库实物管理专员	进行实物清点	采购入库单
10	采购货物入账，打印单据	仓库账务专员	ERP 系统记账，单据打印并于每天下班前将单据传送至核算科	采购入库单
11	运费暂估	采购专员	将运费暂估分摊至运输物料	运费暂估单

续　表

序　号	采购流程环节	责任岗位	规划业务流程描述	涉及 ERP 单据操作
12	采购发票制单	采购专员	严格按照票到做单据，准确填写发票编号，并处理好发票金额微差	采购发票
13	采购发票审核	采购计划岗	ERP 系统中按照发票规范进行审核，每天下班前送至核算科	采购发票
14	采购款项单据凭证处理	核算科	采购入库单、采购发票、运费暂估单等单据通过会计平台自动流转至财务总账并确认	会计平台
15	应付预付核销	采购会计	将供应商应付预付款项进行核销，保证应付余额查询报表及时准确	应付预付核销
16	报表查询	各权限岗位	自主对账，根据账期管理制定资金付款计划	应付余额查询报表

2. 公司应制定相应的奖惩管理办法、保证采购应付链条信息及时、准确、客观，信息部定期通过系统审计功能输出单据流转周期并跟踪流程优化。

三、基于 ERP 系统的销售业务财务流程规划

（一）销售业务和应收账款一体化的概念

企业销售业务与应收财务一体化主要指企业基于主营业务产品销售出库、销售退回、销售发票、销售预收款、销售收款、销售应收款财务核算处理，通过 ERP 软件从单据到财务核算凭证到报表查询双向穿透联查追溯。

（二）流程规划图

企业销售业务财务流程规划遵循以下几个基本原则。

1. 站在企业经营管理的角度整体规划销售业务解决方案和财务处理解决方案，把所有销售订单数据、销售货数据、销售出库数据、销售预收款

数据、销售应收款数据、销售发票数据、销售运费及下游财务入账核算处理数据整合在 ERP 系统中央数据库里，实现权限管理基础上的信息共享。

2. 基于企业销售分析的多维性和灵活性、ERP 系统中严格按照单据登记标准规范及时处理、准确作业，重点关注销售模式（标准销售模式、贸易销售模式）、销售渠道（国内制剂销售、国内原药销售、国外原药销售）、销售部门、销售业务员等，打通销售业务和财务应收余额处理的部门信息壁垒。

3. 针对国内制剂销售，启用 CRM 客户关系管理系统，实现用户手机端、电脑端 APP 直接下单和结算，通过系统接口通道直接对接企业 ERP 销售链条，并通过开发接口将企业实时库存信息传递至 CRM 前端展示。

4. 销售价格政策由产品服务科根据公司销售管理规定在 CRM 系统中维护。

基于以上原则，企业销售业务流程可设计如下图 2-3 所示。

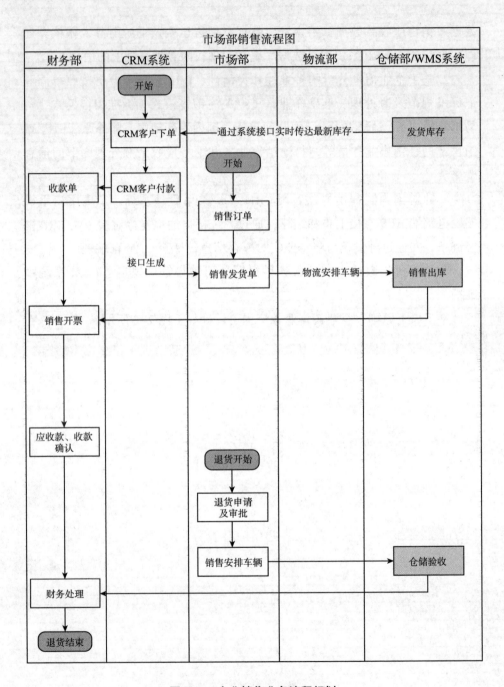

图 2-3　企业销售业务流程规划

（三）基于 ERP 系统的销售业务财务流程配套制度

1. 企业销售业务财务流程描述如下表 2-3 所示。

表 2-3　企业销售业务财务流程描述

序　号	采购流程环节	责任岗位	规划业务流程描述	涉及 ERP 单据操作
1	销售计划	市场部	各大区经理制定年度、月度销售计划，市场部总监审核并抄送财务部作为预算考核依据	
2	销售价格政策维护	产品服务科	按照集团价格政策进行 CRM 系统价格政策维护	
3	销售订单		通过开发接口由 CRM 自动生成	销售订单
4	销售发货单	物流部	根据下单安排车辆	销售发货单
5	WMS 接到发货指令，指引叉车装货	仓储中心	按订单组织发货，并打印单据	销售发货单
6	销售发货物流状态跟踪	销售内勤	CRM 系统自动显示物流发货进度	
7	销售发票	销售内勤	按客户要求制作发票	采购发票
8	销售预收款、收款	销售会计	及时按照核销原则进行 ERP 系统收款单、应收单	应收单、预售单
9	应收预收核销	销售会计	及时按照核销原则进行 ERP 系统应收预收核销，保证应收余额表及时准确	应收预收核销
10	财务往来凭证处理	销售会计	通过会计平台销售发票、收款单生成凭证	会计平台
11	销售出库成本计算	核算专员	依据当月生产成本计算销售出库成本	出库成本计算单

续　表

序　号	采购流程环节	责任岗位	规划业务流程描述	涉及 ERP 单据操作
12	数据输出查询	各权限岗位	查询各类报表	

2. 公司制定相应的奖惩管理办法、保证销售应收链条信息及时、准确、客观，信息部定期通过系统审计功能输出单据流转周期并跟踪流程优化，满足企业对销售管理多维度查询报表的准确输出。

四、基于 ERP 系统的财务会计流程再造

作为业务流程重组的一项具体应用，会计流程重组应当遵循业务流程重组的核心原则。即以顾客为中心的原则，具体来说就是从信息使用者的角度出发，构建新的财务会计流程。

（一）建立新的财务会计理念

在财务会计流程重组的过程中，应从改变思想出发，建立新的财务会计理念，主要包含以下几方面。

1. 顾客导向

财务会计流程的产品是以报表等为载体的信息。顾客就是信息使用者。其包括企业的管理者、员工以及利益相关的外部使用者。满足不同信息使用者的信息需求，是财务会计流程重组的目标和导向。

2. 团队合作

在由流程团队构成的流程导向型组织中，会计人员原本相互独立的工作方式也被打破，转而以团队的方式进行。团队成员都需对流程的结果负责，且绩效和报酬也与团队业绩相关。这就要求会计人员必须树立团队合作的观念，与其他团队成员协同合作，相互学习，共同实现团队目标。

3. 价值创造

长期以来，会计工作被认为是局限在具体资金管理和账务处理上，重复性远大于创造性，无法为企业创造价值。然而，在 ERP 环境下，会计人员被

认为不仅只是进行资金管理和账务处理工作，还进行企业综合资源的优化配置，其创造价值具有模糊性、特殊性。树立价值创造观念，这就要求会计人员变被动为主动，积极与其他人员协调、互动和合作，使企业实现价值增值的目标。

4. 面向未来

传统财务会计流程的产品，即财务报告，是面向过去的回顾型时空观，反映企业过去一段时间的经营成果或某一时点的状况。然而，现今信息使用者更希望财务会计流程能够提供面向未来的、对企业未来预期有所用处的信息。因此，应当建立以对未来的预期及设想为中心的预期型系统。

5. 全面集成

早期的企业信息化，或者说自动化，往往缺乏总体规划，导致企业内部各自为政，形成许多相互割裂的信息孤岛。在财务会计流程重组的过程中，应当以企业整体网络系统为基础，注重各流程的集成和信息共享，以达到整合企业资源，提高经济效益的目的。

财务会计理念重建的手段主要有培训、宣传和交流，其目的在于重建会计的理性基础，为重组后的财务会计流程顺利运行提供保障。

（二）财务会计流程重组

1. 传统财务会计流程与 ERP 环境下的财务会计流程的比较

如图 2-4 所示，传统财务会计流程和 ERP 环境下的财务会计流程的差异主要表现在以下几方面。

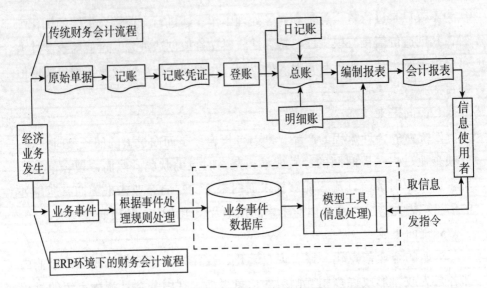

图 2-4 传统财务会计流程与 ERP 环境下的财务会计流程的比较

（1）数据采集方式、范围和时效性不同。从采集方式上看，传统财务会计流程是按需求分部门分别采集完成，这就使得同一业务活动的相关数据被分别采集和储存，容易导致数据重复、冗余。ERP 环境下数据采集是发生后一次采集完成，包括财务和非财务的所有相关信息，并存储在数据服务器上供相关部门使用。从采集范围上看，传统财务会计流程是按照会计事项的定义和是否对财务报表产生影响来组织会计信息的，因此，只包含部分业务活动的部分数据。ERP 环境下的财务会计流程不仅采集和处理财务信息，还采集和处理非财务信息，所采集的数据范围几乎包含全部业务活动的全部数据。从数据时效性来看，传统财务会计流程的数据实时性较差，数据具有明显的滞后性，无法实现信息的实时支持。ERP 环境下的财务会计流程数据实时性强，能实现数据的实时采集、及时处理、储存和传输。

（2）会计凭证生成方式不同。传统财务会计流程的会计凭证是由会计人员填制的，业务部门发生经济业务后，由经办人员将业务发生的情况进行记录，并将所取得的原始凭证交给会计部门，再由会计人员统一填制记账凭证，登记账簿。ERP 环境下，业务部门发生的经济业务的会计凭证由

ERP系统自动生成，并自动传递到总账模块，而其他业务的会计凭证则仍由会计人员填制。

（3）成本核算体系不同。传统财务会计流程采用实际成本核算体系，这使得成本核算人员耗费大量的时间去计算材料成本差异额、材料成本差异率、产品完工程度、各种分配率等。ERP环境下的财务会计流程则是按标准成本来组织成本核算的。先按产品所耗物料的构成制订出产品的物料清单，并由ERP系统评估出各种物料的标准价格，然后对每种产品消耗物料形成的半成品进行完工确认，并按照标准成本对生产的半成品进行增加库存的账务处理，同时通过产品成本"收集器"归集各种原料、辅料的实际消耗和完工产品应承担的定额制造费用，到了月末，会计人员将定额费用调整为实际费用，计算出产品的实际成本。日常销售产品时，ERP系统会自动产生结转产品销售收入的会计凭证，同时按标准成本结转产品销售成本，月末财务人员再将标准成本与实际成本的差异在存货与销货之间进行分配。这种按标准成本进行产品成本核算的方法，有利于企业对生产经营的实际情况进行实时监控。

（4）会计信息输出形式不同。传统财务会计流程的信息输出形式比较固定，而ERP环境下的财务会计流程所输出的会计信息形式多样，ERP系统将大部分业务数据都以原始的、未经处理的方式存放，大部分处理是记录业务的个体特征和属性，分类、汇总、余额计算都放在查询输出过程，这比传统财务会计流程更为简单，只要确保数据被及时地、完整地记录在文件中，就可按照用户的信息需求参数任意组合，准确地报告数据。

2.财务会计业务流程重组的目标

重组后的财务会计信息流程应实现的目标包括系统集成化的信息收集方式、业务事件驱动的信息处理方式和实时报告的信息使用者自助式信息获取方式。

（1）系统集成化的信息收集方式。原始数据的采集是会计流程的起点。ERP环境下的财务会计流程针对传统会计流程的缺陷，根据业务流程重组的思想和ERP系统的集成管理方式，利用局域网和信息技术将各管理子系统集成，通过互联网与企业外部的客户及供应商信息系统相连，充分利用文件传输、邮件及电子数据交换等功能，接收业务信息，并存储于共享数据库中。需要时直接从数据库中调用数据进行加工，从而达到减少财务会计人员的工作量，提高数据采集的准确性、一致性、完整性和及时性。

（2）业务事件驱动的信息处理方式。ERP 环境下的财务会计流程是由业务事件驱动的（图 2-4）。当业务事件发生时，根据数据处理规则，各业务部门将业务事件数据存入业务事件数据库，业务事件数据库中的数据为只经过初步加工的源数据，当信息使用者想从系统中获取信息时，由信息使用者输入信息处理代码，系统启动相应的信息处理程序，对业务数据库中的信息进行加工处理，并将处理结果实时反馈给信息使用者。企业通过 ERP 系统将各信息系统集成，使得数据处理和存储集中化。ERP 应用过程强调业务处理和会计核算的整合，利用集成化的信息系统实现双向、迅速的信息沟通。一方面，各业务部门在业务处理过程中实时地采集业务信息，自动生成会计核算信息；另一方面，财务模块通过执行处理和控制规则，实时地对业务的合理性、经济性进行监测。

（3）实时报告的信息使用者自助式信息获取方式。重组后的财务会计流程应当实现实时报告的用户信息定制。一方面，模型工具中包括加工模型库和报告生成器。加工模型库中存放了多种可供选择使用的会计处理程序；报告生成器可根据用户的选择，调用模型库中适合的会计处理程序。对业务事件数据库中的数据进行处理，生成用户需要的信息，由网络传递给用户。另一方面，由于 ERP 系统是通用设计的，在实施时可以根据客户行业性质的特点及其对管理、信息需求的不同，对 ERP 系统相应地进行配置，但是 ERP 加工模型库毕竟不可能满足所有信息使用者的需要，所以当模型库中没有合适的处理程序时，就需要信息使用者使用 ERP 系统内含的模型工具，自己去设计相应格式的事件驱动模型，来满足企业管理的需要。此外，重组后的财务会计信息系统提供面向企业内外部信息使用者的、可自定义的、界面友好的模型化查询工具，信息使用者可以自助式地设置模型参数，利用查询工具从业务事件数据库、财务信息数据库等数据库中调用相关数据，生成实时报告信息来满足企业决策需求。

3.重组后的财务会计业务流程

ERP环境下重组后采用系统自动收集和事件驱动的会计流程如图2-5所示。

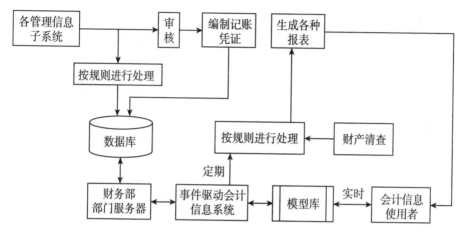

图2-5　ERP环境下重组后的财务会计流程

重组后的会计流程的描述如下。

（1）业务事件发生，各管理信息子系统录入业务事件数据，并将其存储到数据库中。

（2）为落实经营管理责任。对数据中的货币计量信息进行审核，并编制记账凭证，将其存入数据库中。

（3）根据规则对业务时间数据进行编码并存储到数据库中。

（4）当信息使用者需要某项信息时，可以随时由信息使用者通过浏览器向事件驱动会计信息系统输入信息处理代码。

（5）系统从事件数据库中提取需要的业务实现数据，并根据加工模型库中的会计模型对数据进行处理。

（6）定期生成各种账簿供财产清查所用，并定期生成各种通用的常规报表，提供给会计信息使用者。

（三）会计组织结构变革

会计流程再造后，会计组织结构也相应地发生变革。从流程维度和职

数字化转型中业财融合及其实现路径研究

能维度来考察，一方面，以业务流程为主干，建立相应的会计流程小组，满足业务流程处理的要求；另一方面，各会计流程小组都归属于会计服务中心，对人员进行统筹安排、培训指导与咨询等。

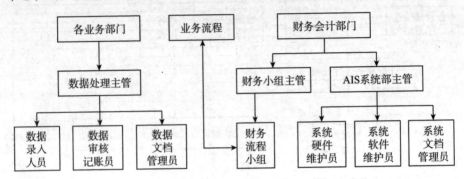

图 2-6　新企业组织结构图

新企业组织结构如图 2-6 所示。需要说明的是，重组后会计信息系统的数据采集工作已由各业务部门实现一次输入，业务部门要设立专门的数据处理部门，下设数据录入员、数据审核记账员、数据文档管理员，负责业务数据的录入、审核记账和存档等工作。财务会计部门在流程重组后只需设立系统部及财务小组。系统部主要负责财务会计信息系统的使用、维护及数据库管理。财务流程小组的主要职责是利用各种信息，对有关的要素进行管理、监督，并对业务流程的改进提供建议。

第三节　ERP 系统下业财融合权限管理风险控制

一、企业 ERP 系统权限管理风险控制存在的问题

企业 ERP 系统权限管理存在以下几个主要问题。

（一）销售与收款环节权限管理风险

销售与收款业务权限配置内控风险包括销售员之间的竞争，导致企业

客户销售价格数据泄漏；客户信用管理不到位，账款回收不力等，可能导致销售款项不能收回或遭受欺诈。

（二）采购与付款环节权限管理风险

采购与付款业务权限配置内控风险包括采购员，泄露有关公司近期的采购计划、其他供应商的采购价格等信息，使得企业丧失采购的主动权；供应商选择不当，授权审批不规范，可能导致采购物资质次价高风险。

（三）总账环节权限管理风险

在 ERP 软件中，销售与采购业务数据实时传递到财务模块，自动在总账子系统中生成财务凭证。业务数据和财务数据集成后总账环节权限配置内控风险包括在采购与付款环节，存在现金支付舞弊风险；在销售与收款环节，存在不记或漏记款项，收入被员工转移到账外的风险。

二、ERP 系统的权限管理风险控制的几点建议

（一）销售环节权限管理风险控制

1.功能级权限管理，明确销售岗位职责和权限

销售与应收循环中，要明确销售订单、销售发货、收款、信用管理等环节的职责和审批权限，避免销售过程存在舞弊行为。例如，在开票直接发货的模式下，会计 A 开具销售发票，要根据总经理 B 审核后的，同时是销售员 C 填制的销售订单；并且销售发票一经财务经理 D 复核后，系统自动生成发货单和出库单，库管员 E 只能查询、审核出库单，不能修改，以上功能级权限设置能有效防止多开发票、多发货、多出库的风险。

2.数据级权限管理，价格权限配置适当

利用数据权限控制中记录级设置，限制某用户不能查看订单的单价。具体操作如下：第一，总经理在数据权限控制设置中，勾选用户和单据模板控制；第二，打开单据格式设计，在单据格式中新增加一个没有金额的单据格式；第三，在数据权限控制中，记录级选择限制"用户"，点击授权；第四，针对需要控制权限的用户，设置只能查看自己的单据。

3.金额级权限管理，信用审批权限控制

利用金额级权限管理更能对客户的信用进行控制。第一，在 ERP 系统中分别为销售专员、部门经理、销售总监设置了以 20 万元、50 万元、100 万元为界的警示触发限额，并设置了以 30 天、90 天、183 天为界的账龄警示期限。其中，200 万元以上的大额业务或 183 天以上较长账龄的高风险账项归集在销售副总掌控中。第二，针对每位客户信用状况实时监控，如在保存、审核销售订单时，若当前客户收账款余额或期限超过了该客户档案中设定的信用额度或期限，系统会提示当前客户已超信用，并根据是否需要信用审批进行控制。

（二）采购环节权限管理风险控制

1.功能级权限管理，明确采购岗位职责和权限

采购与应付循环中，要明确请购单、采购订单、采购到货、采购发票、付款、信用评估等环节的职责和审批权限，如采购部门凭总经理审批后的请购单进行采购，而采购的材料必须经过验收岗位验收合格后，才能办理有关入库手续。

2.数据级权限管理，控制敏感字段查看权和修改权

系统权限设定采购员填制采购单据时，只能参照采购员管理权的供应商；并且，采购员不能查看如供应商开户银行、采购计划、其他供应商的价格等信息。在赋给采购员填制采购订单字段权限时，在字段权限管理中，应取消供应商开户银行等信息。

3.金额级权限管理，审批权限划分

对不同岗位和职位操作员进行金额级别控制，可设定采购主管只能审核 100 万以内的订单；采购部门经理只能录入审批金额在 200 万以内的订单；如超过上述金额则需要采购部总监审批。

（三）总账权限管理风险控制

1.功能级权限管理，明确总账岗位职责和权限

ERP 系统中所有业务数据最后都汇集到总账子系统中。例如，采购支付环节，会计接到发票等原始凭证后，先由财务经理审批，再由会计人员

编制付款凭证，之后交给出纳员由其根据付款凭证列出的金额支付现金，并登记现金日记账，然后将付款凭证退交会计，以便登记总账和明细账。

2. 金额级授权管理，业务凭证限额处理

操作员进行金额控制，就是对不同级别的人员进行业务处理金额大小的控制。例如，一般会计只能录入 50 万的业务凭证，而财务主管可以录入金额 50 万—100 万的业务凭证。

第三章　财务共享服务中心
——业财融合的起点

第一节 财务共享模式下业财融合理论概述

一、财务共享平台下业财融合的理论基础

（一）规模经济理论

规模经济理论是经济学的基本理论之一，也是现代企业理论研究的重要范畴，是由亚当·斯密最先提出的。规模经济理论是在某一特定时期内，企业产品绝对量增加时，其单位成本下降，即扩大经营规模可降低平均成本，从而提高利润水平，让企业获取更多经济效益。在市场经济中，竞争是市场的主旋律，规模经济在一定程度上有助于企业提升竞争力。当然，企业规模经济的发展也受到一定程度的制约：一方面，如果市场容量有限，那么产品很难卖出，即使实现了生产中的规模经济也很难获取利润；另一方面，企业规模经济也受到多方面的约束，如财务实力、管理能力、市场营销能力等。如果不具备管理能力，那么规模过大的话，管理就会出现混乱，反而降低经济效益；财务实力差，规模的扩张则会导致企业的资金短缺；市场营销不到位，也会导致产品的积压等。所以，企业规模相对较小的，建立自身的财务共享平台是不适用的，建立共享平台，需要企业以企业实力、自身发展状况及行业特性为考量，结合企业规章制度，进行契合需要的信息管理系统的研发，并搭建高速率网络，用以处理日常生产经营中产生的众多业务财务数据，同时需要配备高素质、复合型的财务人员等，而以上操作需要耗费极高的成本，一般是规模较小的企业难以承担的。但是，对集团企业等有着较大规模的，此类成本是能够承受的，它们通过建立财务共享平台服务中心，对下属的各分子公司中较低经济价值抑或是存在重复性的会计核算功能，进行抽离并集中处理，如此长久推行，能够分

摊前期的建设成本，产生规模经济，不仅降低了成本，还使各部门之间加强了信息传递与交流，提高了工作效率，同时也有助于管理者加强对企业的控制，更好地做出决策。

（二）业务流程再造理论

业务流程再造理论是由美国著名企业管理大师迈克尔·哈默提出的，是指对企业的增值运营流程、战略及支撑它们的组织、系统、结构及政策的重组与优化，使其具有更优化的生产力。强调以客户的满意度与需求为目标，借助改造业务流程为中心，变革现有的业务流程，以先进的信息技术、制造技术及管理手段，使得管理职能及技术功能的集成得以实现，由传统的职能性结构变革为全新的过程性机构，最终在质量、成本、服务等方面改善企业经营。简单地说，企业为了打破目前的运营僵局，对自身业务的具体流程进行重新审视，并作细化与梳理，在可再造性与价值方面对各业务流程进行判定，形成更加高效的流程管理办法。企业在财务共享平台下实施业财融合，按照关键节点对其重新分类并重组，转变过往的单接口信息处理模式，实现业务处理流程的并行化，提升流程处理的专业化程度。这种业务重组方式，不仅提高了企业业务处理的效率，还将一部分财务人员从烦琐单一的财务工作中解放出来，投身到更加复杂能够为企业创造更多效益的财务工作中去，提升企业的整体价值。

（三）价值管理理论

价值管理也称为基于价值的管理，是一种基于价值的企业管理方法。价值管理是一种管理模式，有以下三大要素，即管理价值、创造价值、衡量价值。其中，管理价值的含义是企业如何最大化未来的价值，这一点和企业战略不谋而合，管理价值包含的要素很多，如企业治理、变革管理、企业文化、领导力等；衡量价值也就是企业评估价值，价值管理取决于企业价值和企业的经营目的，企业目的可以是股东价值的最大化，也可以是利益相关者价值的最大化。

（四）信息系统理论

信息系统，也就是信息传递交流系统，能够对形式不同的各类信息进行存储、收集、显示、处理与组织。由信息系统理论看，会计被看作是具有独立性的信息系统，企业财务部门对日常经营活动产生的各项会计数据进行整理编辑，形成财务报告，对企业的财务状况予以表征，会计以基础业务数据的接收为起点，对财务语言与业务语言进行转换，提供管理层进行决策需要的多种信息。信息系统理论通常可划分为三个阶段：初期阶段对基础业务信息进行处理，整理出企业经营活动中真实可靠的数据，对其进行编辑并生成文本信息；中期阶段对系统进行改善，在遵循可靠性和及时性原则下，提高流程处理的水平；后期阶段是决策支撑环节，通过财务云数据、人工智能等现代化技术手段，帮助管理者进行企业决策，提升企业的运转效率。

信息系统理论以会计具有的管理职能为立足点，以社会环境、科学技术等对会计信息产生影响的因素作深入研究，深刻剖析会计的本质特征，使企业能够根据自身需求制定出符合自身发展的会计信息智能技术，有利于企业的优化经营与转型升级。企业实施业财融合，是在各项技术的支持下对会计信息的整合分化，会计信息是对过去、现在及未来时期企业的运营流程生成并收集的可表达企业状况的数据，业财融合经分析此类数据，能够给管理者的决策提供更多的意见支持，对企业的发展进行科学地预测。融合后的信息系统理论，经对会计信息进行全面地分析，能够对业务语言进行多视角、全方位地处理，对成本与利润、供给与需求进行定量与定性分析。

二、财务共享模式下业财融合的内涵

谈及财务共享与业财融合的关系，两者似乎相互矛盾，因为财务共享是财务职能内部的再分工，而业财融合是为补足传统分工理论的弊端而生，但是实际上两者存在着互相支持、相互补充的关系。财务共享是业财融合的重要途径和坚实基础，业财融合是财务共享功能的深化和增强，两者相辅相成，具备良好的共生关系。一方面，财务共享利用现代信息技术，将公司业务中低附加值、业务量大且重复性高的基础核算业务集中到财务共享中心，通过流程梳理和再造实现业务核算的电算化、自动化、标准化、流程化处理。从过程来看，财务共享一般需要完成四项工作，即统一会计编码、会计数据、财务制度、财务流程，建立高度集成的财务信息系统平台和庞大的数据库，梳理会计处理的流程和环节并在此基础上进行优化。从结果上看，不仅提升了财务效率降低了财务成本，还解决了会计基础核算问题。而以上会计语言的统一、会计系统的建立、会计数据的储备、会计流程的明晰以及会计人员的解放，恰恰是实施业财融合的必备要素和前提条件，财务共享为进一步提升业务与财务的有机融合打下了坚实的基础。另一方面，财务共享仅仅是完成了基础工作，对流程的梳理只是粗线条的、系统性的。要想真正发挥财务共享的功效，实现对各个流程的精细化管理，对各个环节的有效控制，准确地将公司的战略战术、规章制度等落实到财务共享的具体操作中去，必须要实施业财融合，即业务与财务之间的信息交互，财务部门与非财务部门之间的协同配合，财务人员与业务人员之间的相互理解和充分沟通。与此同时，业财融合将财务共享中解放出来的财务人员充分地利用起来，让他们站在价值角度对业务活动进行全过程的支持和掌控：事前对前台业务进行预测，事中保持关注，根据具体情况进行方案修改，并在事后进行绩效计算和信息反馈，为企业由上至下各层级的决策提供分析咨询服务。这样使财务共享原本的功能得到了延伸和深化。

通过对两者关系的辨析，我们知道"财务共享"是"业财融合"的实施路径之一，是业财融合的基础。因此，财务共模式下业财融合是指企业在推行财务共享的基础上实施业财融合，它是"财务共享"与"业财融合"两种理念的结合体。相比于其他模式，财务共享模式下业财融合具有先天的优越性，因为业务与财务的有机融合的实现，不仅需要对财务、业务与基础信息系统进行整合，还需要财务人员在高质量完成财务工作的同时精通业务，不仅要处理海量数据还要将其转换为有用信息，这涉及不同层次、不同模块、不同职能之间的整合，要求财务人员在业务和沟通上花费大量的时间和精力。如果没有财务共享在集成信息技术、数据库、流程管理上的大量铺垫，业财融合的推进工作会更繁多和复杂，更难理清头绪，实施效果也会大打折扣。

三、财务共享模式下业财融合的特点

财务共享通过信息化工具的集成和财务流程再造，实现了财务处理的标准化、集中化、流程化和自动化，不仅能降低成本、提升效率、提高质量，还能加强管控、优化管理、促进财务分层。基于此，财务共享模式下业财融合的实施大多以信息化为切入点，其具有信息化程度高、管控力度强、财务分工明确等特点。

（一）信息化程度高

财务共享对信息化的要求是早于并且高于业财融合的。建立财务共享中心时，需要把分散在各子单位的数据进行统一和集中，将从业务端口的数据生成，到财务端口的数据处理，再到数据的收集和存储这一流程进行数字化、系统化。因此，建设统一的信息平台，将各分子公司的信息参数，办公软件同一版本等事项在业财融合开始之前就已经完成了。而且为了满足财务共享中心的要求，影像传输系统、一键支付系统等一系列高科技、信息化财务办公工具都一应俱全。在此基础上，财务信息系统已经高度集成化了，再将业务信息系统整合进来就简单了许多，而且整合效果也更好。

（二）管控力度强

财务数据信息会在公司内网上实时更新，如此一来，财务数据变成了流动的财务信息：集团管理层可以通过它把握公司整体运营，了解战略的执行情况；财务人员可以通过它编制成本报告或项目可行性分析，为业务决策提供财务建议。就业财融合而言，集团各层级都能实时追踪业财融合的情况，一旦出现问题，也能及时处理，增强了财务共享模式下的业财融合管控力度。

（三）财务分工明确

比起非财务共享模式下的业财融合，此模式在很早就实现了财务人员的分化，一小部分专注于财务共享中心的财务基础核算，另外的转岗转型，进一步深入经营层面或放眼全局协助战略部署。财务共享中心使得公司财务组织结构产生了变革：原来每个子单位都有一套完整的财务系统，现在

核算和资金收付等基层财务职能都被集中到财务共享中心，子单位只需设置两个职位（票据扫描员和财务经理）即可，财务共享中心内也分为执行层的财务员工和流程制定层的财务员工。

四、财务共享与业财融合的关系

（一）财务共享模式下业财融合的意义

1. 促进业务部门和财务部门一体化

业务部门是企业利益的主要创造部门，企业财务工作既要对企业往期业务进行审计，同时也要对企业新业务进行预算。企业的财务工作与业务工作相互依存，财务工作使企业业务活动的成本与收益更加明确，业务行为最终会转变为财务数据。同时，企业业务活动开展中还会涉及报销、记账等，加强对企业业务的财务审核有利于均衡企业的资源分配。此外，财务部门的工作离不开业务部门的支持，企业的财务工作以业务为基础，企业业务能力的提升可以让企业财务运转更加科学。可见，业财融合促进了业务部门和财务部门的一体化，提高了企业资源的利用率。

2. 提高企业财务信息质量

业财融合模式下，企业财务活动与业务活动的结合更加紧密，财务数据可以真实反映企业的业务情况，避免了管理会计中错漏问题的出现，提高了企业的工作效率，保证了企业财务信息的真实性与可靠性，进而为企业业务发展提供了思路。业财融合模式下，企业业务数据信息可以实时传送到财务管理系统，实现财务数据的有效整合，在业务发展进程中搜集与之相关的数据信息，为企业洞悉业务发展规律提供依据，通过业财融合发展提高财务数据共享质量。

3. 实现企业精细化管理

传统业务模式下，企业数据和财务数据可以实现实时传递，财务部门可以通过业财融合对业务数据进行分析，加强了对企业运营的分析和预测，避免了传统财务管理上时间差所带来的不利影响，促进了企业精细化管理的实现，为企业经营决策提供了支持。

4. 提高企业收益

价值最大化是企业综合管理的终极目标，作为关注企业价值的管理形式，业财融合可反馈企业业务与价值的关系，拆解各个业务环节指引企业予以控制。若业务工作与财务工作紧密度不高，与业务有关市场变化、经营风险、成本投入、项目支出、生产要素等财务数据信息就缺乏共享性，未能精确反馈业务进程，无法帮助企业调整业务实施方案。基于此，企业需要发展业财融合，行使控制管理、价值分析、风险预测等职能，继而助力企业积极把控业务的进展，通过调整业务实施方案，提高企业效益。

（二）财务共享全面引领业财融合

在我国企业财务模式转型过程中，财务共享是不可或缺的关键因素之一，下文从以下几个方面来阐述财务共享作为业财一体化工具的必要性。

1. 财务共享有助于企业生产经营的成本管控

企业实施财务共享后，成本核算口径得到统一，而且这一过程在财务共享平台进行，交易过程可视化、可控制性增强，企业获得的成本数据真实性较强，与往期成本对比差异显而易见，使得成本管控更为有效和具体。由此可见，财务共享不但可以降低企业生产经营成本，而且有利于成本的精细化核算管理。

2. 财务共享有助于企业生产经营的绩效管理

绩效管理与企业日常生产经营形成的数据密不可分，财务共享可以保证数据的准确性和完整性。财务共享融合了企业生产经营的各个步骤，所以业绩评价数据的真实性更为可靠，利用财务共享中心的数据进行业绩评价更加准确且公平性更强，提高了绩效管理的质量。

3. 财务共享有助于企业生产经营的预算管理

财务共享的数据源于财务共享平台记录的真实交易或事项，这提高了财务信息的专业性和技术性，预算部门可以得到质量较高、较完整的当期和往期数据，制定出更加精准的生产经营预算方案。此外，财务共享中心是企业日常交易的集中地，企业可以通过分析财务共享中心的数据将交易实时化，做到数据的即时分析，预算的即时管控。由此可见，财务共享中心不但可以保障预算方案的准确性，而且有助于对预算的管控。

4.财务共享有助于企业生产经营的报告管理

一方面，财务共享中心打破了传统财会部门数据割裂的禁锢，将数据进行统一汇总核算，为业财融合机制的建立提供了大量真实可靠的数据，有利于财务人员通过数据分析结果进行决策。另一方面，财务共享中心夯实了数据基础，使得企业日常经营的流程、管理、数据标准统一化，战略制定、管理决策更加科学数据化。此外，财务人员可以从财务共享中心获取数据，有利于企业报告编制工作的实施，使报告的真实性得到保障。

第二节　数字化背景下企业财务共享服务的创建

一、财务共享的本质与特征

财务共享的实质是兼顾核算基础、增加内部管控、加强外部多元化拓展，目的是提高效率、增加收益。虽然各个公司财务共享的模式不一，但财务共享服务中心实质上是由三层架构组成，如下图 3-1 所示，即决策性质的战略财务、协同性质的业务财务以及记录与控制性质的共享财务，其架构与传统财务架构相比更加简洁。

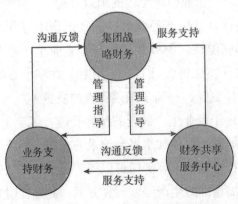

图 3-1　财务共享服务中心的三层架构

财务共享的特点是能够让企业的组织和流程实现翻新，让各个部门摆脱传统的烦琐作业形式，主要如下：第一，专业性。只有对财务共享服务中心匹配相应的专业化人才，才能对公司内部的要求以及对客户的需要提供更为专业化和针对性的服务。第二，技术性。财务中心的正常运行需要有高效的软件及设备作为支撑，高新技术的使用是财务中心正常运行的保障。第三，规模性。共享服务中心将分散的业务集中到一个单元进行处理，促进规模经济的形成，为降低运营成本创造了新途径。第四，服务性。以满足客户需求的时效性为目的，以提供更优质化的专业服务为宗旨。第五，效益性。精简企业财务流程，提升服务质量，进一步获得规模效应。

二、数字化时代财务共享模式的发展机遇

（一）数据获取更为有效、方便

大数据技术的出现为企业财务管理模式的创新提供了重要的机遇。通过大数据技术可以对重复的会计信息进行筛选，获取有效数据；还可以对人工统计中出现的误差及时修正，对实际应用中的缺陷进行调整，有效提升信息的准确度。

（二）提高财务共享中心的数据分析能力

在大数据背景下，企业的财务报销、资金收支、财务报表生成等工作逐渐实现自动化和信息化。对共享系统生成的大量数据和相关结果的进一步分析可以使企业掌握公司的财务状况，为企业决策分析和目标制定提供支持。大数据技术的发展为财务信息系统实现智能化、实时化、远程化提供了技术支持，信息化的管理模式已成为提升企业价值的一个重要手段。大数据时代的来临也使得综合性的财务管理成为企业的核心资源，掌握着企业发展的关键信息。通过大数据技术，财务共享模式将对数据的分析更为全面和精准，可以综合考察企业各方面财务信息，通过更细致的对比及时发现潜在风险，提升财务共享中心的综合分析能力。

（三）为财务职能转型提供有利条件

大数据的快速发展也使得企业之间的竞争环境更为激烈和复杂，财务部门需要为企业提供有关整体运营、预算、风险等方面的决策信息支持，

也就是说推动实现财务共享中心所承担的职能由财务会计职能向管理会计职能转变，不仅要为企业提供价值保持的建议参考，还要提供有利于企业价值增值、价值创造的信息参照。

三、数字化时代财务共享中心的构建要点

（一）确保智能信息系统的安全搭建

由于人工智能技术背景下的财务共享中心需要大量的企业经济信息作为支持，企业集团需要搭建智能化的财务综合信息系统，从而打破了企业各项管理信息系统间的信息壁垒，但是同时也增加了企业信息的安全风险，要想优化人工智能背景下的财务共享应用效果，企业集团需要从信息授权、财务共享智能化安全机制方面入手，保证企业财务共享服务中心的安全运行。一是健全财务共享智能化安全机制。由于财务共享中心的建设需要面向集团内部的各级使用者，同时人工智能技术在财务共享中的应用增加了财务共享服务的开放性，使得集团有必要健全财务共享中心的智能化安全机制。二是改进人工智能技术下的财务共享信息授权方式。也就是说，集团财务共享中心的建设不仅要保证财务信息数据库的完整搭建，还需要探索人脸识别、声纹识别、移动电子凭证识别在信息授权方面的应用，使得集团分公司获取财务共享服务的权限合理、授权科学，保证信息交互过程足够安全。

（二）坚实财务共享服务中心的数据流支持

要保证人工智能技术在财务共享中心的充分应用，企业集团应当充分保证业务活动、财务活动的数字化转换，通过设定大数据归集端口、搭建大数据共享平台，使得企业集团各级分支机构、各级职工产生的经济活动信息充分归集，从而实现人工智能技术对企业业财信息的深度学习、挖掘分析、全面反馈。

一是坚实业务信息流支持。这需要企业集团全面优化业务组织设计，使得不同业务线的业务组织实现扁平化运行，同时对扁平化业务组织实施规范性较强的业务信息流归集、信息转换流程的自动运行，使得企业集团的业务信息流直接输出为财务信息流，以便智能财务共享模式的持续优化。

二是确保资金管理共享平台的科学搭建。借助人工智能技术，企业管理者可以审批一般资金事项、快速发掘资金管理问题，最终确保企业集团财务共享模式的资金处理效率的提升。

三是健全基于价值链、供应链的财务信息数据库。要保证人工智能技术在财务共享中心的多维度应用，企业集团需要基于价值链信息、供应链信息来搭建财务共享信息数据库，从而为人工智能分析决策信息、人工智能建立多维度财务报告提供坚实的数据基础。

（三）保证人工智能技术的人力资本积累

为保证企业财务共享中心有效地应用人工智能技术，企业不仅需要确保管理会计人才的储备，还需要确保具备人工智能开发操作素质的人力资源积累。一方面，需要保证已有财务人才的复合型培养。企业集团一旦在财务共享中心应用人工智能技术，原有财务人员就需要积极参与人工智能技术及其技术承载实体的操作培训，同时企业集团需要设定一定的人工智能实操绩效占比，使得复合型人才培养满足人工智能技术在集团财务共享中心的需要。另一方面，需要科学引入人工智能领域的财务管理人才。

（四）加速向人工智能多元化应用的财务共享模式转变

企业要实现人工智能技术的财务共享服务模式优化，就需要加速向人工智能多元化应用的财务共享领域转变，以推动财务共享服务系统、财务共享数据系统、管理会计信息系统等财务管理系统的智能化升级，从而为智能财务共享中心的搭建提供可能。一是拓展人工智能在财务共享中心的应用形式。这需要企业集团积极探索数字化技术的应用途径，使得财务共享的信息搜集、信息处理、信息分析报告环节都能够嵌入人工智能技术，从而实现会计信息自动归集、财务报表自动编制反馈、财务报告智能反馈的财务共享服务模式。二是保证人工智能技术在传统财务共享领域的加速应用。这需要企业集团积极进行人工智能嵌入的财务共享解决方案试点、问题挖掘、问题探讨，通过智能票据管理、智能应收账款管控、智能业务派单、智能税务管控等财务共享活动的人工智能技术嵌入，使得企业集团更广泛地应用人工智能技术进行财务共享活动，最终充分提升集团企业的财务共享效率。

第三节　财务共享平台下业财融合模式的构建与实施

一、业财融合模式的构建策略

（一）建立事件驱动的业务处理流程

所谓业财融合，其核心理念依托于计算机程序中的"事件驱动"概念，即着力推进财务、资金和各项系统的信息交换和一体化进程，从而达到优化财务数据以及业务流程的目的。在当前的财务共享模式下，企业内部的业务部门按照所从事工作的不同被划分为不同的"业务事件"，并依托"事件驱动"的理念对各项业务进行缜密的追踪和监督，将其中产生的业务数据都记录在内。根据"授权"的需要，使得财务共享服务中心能够在业务主体递交业务申请后直接通过财务数据的分析，对其递交的业务申请进行评估和审核。除此之外，财务共享中心还能够起到对业务开展的实时监督作用。

（二）规范标准化的管理制度

随着财务共享模式的不断推进，对相关流程的监督和管理工作也必须形成体系，通过标准化的模式来予以规范。第一，从企业或者集团的领导层面而言，由于其主导了业务开展的方向和流程，其必须通过标准化的审批步骤才能使得财务共享模式更好地服务于业务。第二，从企业或集团的业务主体——员工而言，由于其个体的业务行为影响业务的顺利开展，必须对业务成员进行必要的财务理念的更新和培训，使之更好地融合财务共享模式。第三，从企业的业务开展过程而言，必须建立规范化、标准化的制度。第四，就业务流程的持续性而言，标准化的监督体制是业务有效开展的保障。

（三）管理模式的转变

作为集中式组织模式的代表，财务共享服务借助现代信息技术的帮助迅速成长并发展为企业日常经营和运转过程中必不可少的部分。其不仅更新了传统的财务理念，还对企业的管理模式产生了巨大的冲击。通过财务共享平台的建立，能够帮助企业最大限度上实现信息的实时互通交流，业务开展的实时监控管理等。现代的财务共享平台虽然其功能与传统的财务核算组织存在相似之处，但其工作效率却不同。随着企业不断发展的需要，财务共享中心应运而生，这也给企业的财务人员提出了更高的要求和挑战。首先，在战略财务层面，要求从事这方面财务工作的人员不仅具有极强的业务技能，还需要有敏锐的洞察力，帮助企业在实际的财务工作中制定出符合自身发展需要的财务决策。其次，在业务财务层面，主要的工作中心都是对企业的财务数据进行整合分析，并为信息的需求者提供帮助。最后，在财务共享中心层面，财务人员的主要工作便是帮助维持财务共享平台的建设和稳定，一方面需要及时地完成相关财务报表的编制工作，另一方面还要对企业的财务运营情况进行实时地监督。

（四）业务财务流程再造

从本质上来看，财务共享平台的建立便是企业对自身的财务流程进行颠覆式创新的过程。通过信息化技术，实现企业财务系统高效稳定地运转。通过业务流程的规范化、财务数据的业务化、数据全程的共享化、财务流程的标准化和财务流程的模块化，集成财务信息系统和业务信息系统，达到提升内控管理、实现财务转型的目的。

（五）提升共享中心效率

当前，随着财务共享平台的建立，信息技术在企业中的应用越来越广泛。随着信息化的不断推进，企业内部的各项业务也在逐步向着信息化管理和操作的模式迈进。目前，在财务共享服务模式下，能够使资金管理、网上报销、财务核算、人力资源绩效考评、内部综合管理等涉及企业诸多方面的因素通过财务共享平台进行统一而高效的管理。这促进了企业的财务业务融合进程，也帮助企业在相关业务的开展过程中提升了效率。目前，在对企业的分支机构或部口进行实时的监督和管理时，财务共享服务将会采用新型的"集中记账分布查询"方式，进而实现企业内部各业务单位和财务系统的无缝对接。此外，通过对企业业务单位前端系统的梳理，切实保障了业务单位在业务开展过程中的规范化和标准化，进一步发挥了企业财务共享平台的咨询和监督作用。

二、业财融合模式的具体实施过程

（一）规范信息标准

在业财融合的过程中，需要立足于企业基础数据和业务数据进行相应凭证的生成。

当前，业财融合中涉及的基础数据主要包含职工信息、组织单位、分包商、部门信息、供应商、工程项目、客户信息、分部分项、币种、工程量清单以及成本科目。而对于业务数据而言，其主要由以下方面构成，分别为投保金返还单、合同计量、内部借款单、合同收款、对外支付单、分包结算、日常报销单、材料入库、现金备用金、材料合同支付、项目预收预支、周转材料租赁结算、材料出库、废旧材料处理及材料报损等。

此外，在目前体制下的公司运营模式中，企业的财务系统和业务系统尚未高度统一，使得不同的数据结构和数据格式存在无法对接和兼容的情况。因此，为了确保企业业财融合的顺利实施和开展，必须通过第三方的数据转换平台的建设来拉近两者之间的距离，从而实现数据的交流互通。比较可行的方法是，将企业的业务和财务数据分别转换传递到中间库中，由中间库进行整合和分析，并最终得出执行的命令，具体流程如下图3-2所示。通过这类方式能够极大地改善因企业财务系统和业务系统相互独立而造成的信息互通障碍的问题。

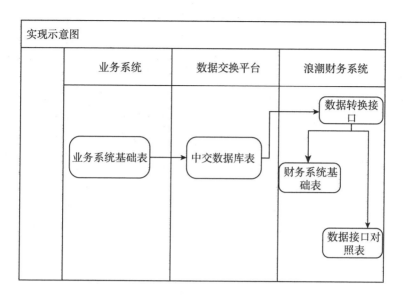

图 3-2 数据转换示意图

1. 组织机构共享

鉴于行政框架与会计核算实体存在较大的差异性，因而在具体的组织开展过程中存在系统冲突的问题。当前，财务系统依托核算口径下的组织而建立，而业务系统依托行政组织下的组织而建立。

随着组织机构共享概念的提出和开展，业务系统和财务系统中的系统冲突逐渐被缓解。不仅在组织信息的传递过程中减少了信息传递过程中的障碍，还通过数据交换平台提升了信息加工处理的效率和准确度。通过这些方面的革新，不仅使得组织机构信息得以共享，还能保持原有的数据接口。

2. 员工数据共享

在人员同步的实施过程中，需要将业务系统中相应的员工数据信息提交至中转站，借助中转站的审核和帮助最终将员工的信息资料录入企业的财务系统中，以达到员工字典表和数据接口对照表一一对应的效果。

3. 往来单位共享

在进行往来单位的同步时，不仅需要涵盖业务系统中的诸多主体单位的信息，还需要将这些信息进行相应的打包处理，从而制定出对应的临时表，当作临时的数据参考依据。此外，还需要借助数据交换平台的往来单位信息沟通渠道帮助实现不同业务单位间的信息共享。

4.业务与财务关联信息共享

所谓凭证模板设计，主要针对的是在业务处理过程中会涉及的相关会计科目的总和。当前，凭证模板设计主要包含总账科目、明细账科目及会计科目所涉及的借贷关系。作为业务系统以及财务系统的接口，生成凭证在实现业务与财务关联信息共享的过程中意义重大。目前，随着经济业务往来的频繁，使得单纯人工操作生成凭证已经无法满足时代的需要，因而自动生成凭证被广泛应用于实践领域中。

ERP系统之所以能够在解决财务和业务数据集成问题上取得较大的成功，是因为其联通了实时的数据库，因而使得其在处理业务过程中能够体现出较强的全面性和及时性。与此同时，借助引擎机制，使得其在生成管理报表和决策性财务信息方面也具有较大优势。

从业务与财务的深层关系出发不难发现，两者间的信息存在较强的紧密互补性，因而相关数据信息交换平台的设立对企业的经营大有裨益。

（二）构建异构共享数据库系统

在公司的发展过程中，由于不同时期的不同需要，各项职能系统的建设也存在不同的问题，在进行信息对接和匹配的操作时，往往会受到数据库技术差别、开发商专利问题等诸多限制。而对于企业而言，信息孤岛的存在不仅会阻碍企业整体业务的开展，也会极大地削弱各类信息的使用效率。

基于对企业业务流程便捷化和信息利用最大化的考虑，构建一套能够实现数据信息实时共享的平台十分必要。这不仅能够提升企业整体对于信息的利用率，还能够在一定程度上打破各部门间信息孤岛的现象，促进业务的高效开展和企业利润的最大化创造。

目前，普遍被接纳和采用的信息互通交流渠道便是数据库系统。通过数据信息的入库和共享，帮助各个业务单位在实现信息共享的同时能够便捷财务凭证的处理工作，从根本上解决了企业各部门信息交流不畅的问题。

1.通过对基础数据进行编码的操作，降低数据信息在跨系统时的互通障碍，并编写相关的编码对照表，为数据信息的分享传递奠定基础。

2.面对不同数据库存在差异的问题，可以通过建设数据库联结服务的方式来解决，具体步骤如下：首先，建立开放数据库互联接口数据源，确保信息统一；其次，监听配置文件，增加数据匹配精确度；最后，建立数据连接。并且，针对数据库在进行信息交流过程中潜在的安全和效率问题，可以通过完善两者间的链接配置来妥善解决。

3.公司流程梳理，在公司业务开展时，需要明确相关的业务规范以及操作流程，建立一套科学完备的流程操作规范，帮助下游的财务管理系统更好地监管企业中各项业务的开展。此外，根据不同业务存在的主体差异，还需要财务信息系统针对不同业务的特殊性进行必要的财务凭证分析处理工作。

4.进行数据交换，形成财务系统的凭证数据，通过建立的数据库链接服务，根据建立取数关系的数据模板，进而架构其下游的财务管理系统和上游的业务处理系统之间的联系，并通过财务凭证作为依据，根据独一无二的财务凭证编号实现相关数据的收集、记录和分析。与此同时，由于每一项财务凭证的编码存在唯一性，使得在进行数据收录的过程中不存在重复导入的情况，也极大地提升了企业财务信息收录的效率。

通过将原本孤立的业务主体联结起来的方式，为企业内部各项业务的顺利开展奠定了坚实的基础。而在数据共享的具体操作过程中，财务凭证的生成和编码尤为关键，其不仅关系到相关数据的记录和分析，还会直接影响日后对数据的调取和修改工作。因此，必须对财务凭证的生成给予高度的关注。第一，必须要对财务凭证进行统一的变化程序设定，并在数据库内部植入相关的编码对应表，使得相关的编码能够被数据库识别和收录。第二，在进行财务凭证数据的整合过程中，必须要综合各类数据模板，从中选取适合业务开展需要的模板工具。目前，这类数据库的编码和信息收录工作大多数还停留在大中型企业中。

（三）梳理公司业务流程

企业在进行具体的业务流程梳理的过程中，必须充分结合自身的实际情况，立足于自身的经营状况和业务流程选择最适合自身的财务业务数据共享模式。

在企业业务流程梳理过程中，主体流程步骤如下：流程管理领导小组的成立（负责流程梳理）—企业现行流程的梳理（现状的记录）—对现行流程利弊的分析—（如果存在冗余流程）优化业务流程—（如果需要新建流程或存在隐性流程）重组业务流程—流程小组集中讨论及审批（即决策层优化）—颁布实施优化与重组流程（制定与之匹配的管理制度）—未通过的流程继续优化完善。

为了实现对业务流程的整合梳理，可以结合 PDCA 循环来进行流程的优化。在具体的流程优化过程中，其立足于企业现有的流程进行分析，不断回溯业务开展过程中的关键流程点，并对冗余的流程步骤进行了优化和改进，对潜在的风险隐患进行了排除，并制定实施一套完善的企业流程制度。

在进行流程梳理的过程中，要充分发挥员工的主观能动性，通过员工主体的参与和建议对业务流程开展过程中存在的各类不合理、不必要的步骤进行深度优化，充分考虑流程主体的需求，最大限度上优化部门间、业务主体间的分工协作等。

在进行企业内部的流程梳理时，必须立足于企业价值链的利润增长点，再从以下三个层面开展梳理工作。一是对企业宏观战略决策层面的流程梳理。二是对企业不同部门主体间工作流程的梳理。三是对企业业务具体开展实施的流程梳理。这三大类的流程梳理可以分为管理类、核心业务类以及辅助类。对于管理类而言，主要针对的是企业的直接领导者，要求在进行行政管理和宏观战略管理时必须优化流程。对于核心业务类而言，要求其必须保障核心业务开展得高效和稳定。对于辅助类而言，只需要其做好前两者的基础和服务工作即可。

随着经济的不断增长和企业规模的不断扩张，完善的流程优化体系对企业的稳定运行必不可少，其不仅能够切实保障企业的平稳运行，还能够有效降低企业面临的潜在风险。

（四）实施公司财务与业务系统对接

作为企业财务业务管理流程的核心所在。当前，处理业务系统和财务系统对接问题的主要方法在于构建一套完善的"数据采集和财务凭证接口"的数据交换系统。立足于这套数据交换系统，帮助实现财务核算凭证的自动生成以及诸多业务的顺利开展。而在这套数据交换系统的建构过程中，企业必须充分立足于自身的实际情况，建设一套适合自身发展需要的数据交换系统。目前，主流的数据交换系统的构建采用文件传输模式。在这类模式下，企业的财务数据库服务器和业务数据库服务器能够同时存在于同一局域网中，不仅优化了数据交换效率，还提升了数据交换的安全性。此外，数据交换系统的构建还能通过中间库的帮助实现交换传输，这类方式的优势在于能够有效避免两者数据库互相操控的情况。系统应用管理模式如图 3-3 所示。

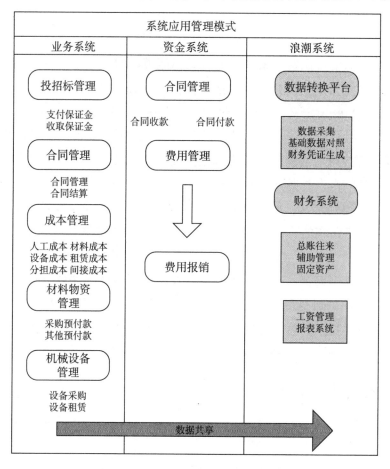

图 3-4　系统应用管理模式

详细流程如下。

首先，需要连接整个系统流程中涉及的所有财务系统和业务系统的单位，进而建立起相关业务所涉及的客户，包括承包商及供应商单位，并基于此建立对照表。之后，将立足于对照表所反馈的信息对企业业务过程进行监管，并递交给财务系统进行审查。

其次，进行组织架构和会计实体的对接，鉴于企业内部存在信息系统传递障碍的问题，需要通过中间库的辅助帮助财务系统和业务系统的信息实现互通交流，并基于这一点实现会计实体与单位间的对应关系。

再次，进行个人往来的对接。个人往来的对接主要立足于财务系统中涉及个人的部分。通过财务对照表的建立帮助企业在宏观上把握所有业务经手人开展业务的动向，进而保障业务开展的规范性。

最后，需要按照财务系统凭证接口功能模块的差异性进行不同模板的建立，主要分为以下部分：凭证接口数据源设置、模版类别定义、凭证模版定义、科目映射定义、核算映射定义，业务凭证生成。

1. 凭证接口数据源设置：这一环节主要涉及财务凭证的生成过程以及和浪潮凭证接口对接的问题。通过将"凭证模版定义、科目映射定义和核算映射定义"作为数据源，进而保障凭证接口的无缝对接。

2. 模版类别定义：模板类别定义主要针对的是财务凭证模板的差别。根据不同业务系统的特征和实际开展的需要，对相关的模板进行细分。

3. 凭证模版定义：定义不同环境下需要生成的财务凭证模版。

4. 科目映射定义：立足于不同业务数据的特殊性，针对不同的业务数据形成不同的映射科目，并通过企业的财务凭证自动生成和应用，倘若存在相关分录科目已经确定的情况，则无需此步骤。

5. 核算映射定义：将企业的业务数据和浪潮辅助核算建立相关的映射关系。

6. 系统参数设计：在用户进行系统参数设计的过程中，需要立足于企业的实际经营需要，将传统通用式的软件模式转化为实践效率更好的私人化软件定制。

7. 业务凭证生成：基于上述定义形成的凭证模板，进而构建一套完整的业务单据浪潮财务凭证。此外，倘若业务单据存在较大的关联性，还能够进行合并处理。

在经历上述的模板定义步骤之后，企业的财务系统在生成凭证方面已经做到有理有据，不仅能够实现企业的业务系统高度的对接，还能提升凭证生成的效率，极大地促进企业的现实业务操作水平，优化企业的管理水平。

（五）实现多系统间业务信息的共享

随着企业规模的不断扩大，内部会计部门承担的财务审核工作压力也在不断扩大。为了有效降低企业财务系统的压力，快递行业在构建财务共享中心时应该构建预算、成本、资金、业务多方面信息共享的系统，从而确保财务信息的准确性，降低财务信息在传递过程中失真的可能性，同时提高财务信息的利用效率，实现财务信息和业务信息的高度统一，从而帮助企业构建完善的业务链和财务链。业务链和财务链是相辅相成的，两者的共同进步能够促进企业的平稳高效运作。

第一，全面预算信息共享。全面预算是企业资源优化配置过程中的重要环节，能够渗透在业务的方方面面，影响企业各部门的经营管理行为。传统业财分离的体系下全面预算主要由财务部门主导，调动人力部门、业务部门综合编制。随着快递企业规模的不断扩大，财务信息逐渐复杂，业财分离的模式已经无法适应当下企业的发展需求。为了适应财务核算的趋势，全面预算的更新必不可少，这就需要在财务共享中心模式下各部门通力合作、加强沟通，确保全面预算有各部门参与其中，解决沟通的低效率问题。

第二，成本费用核算信息共享。成本费用核算对业务部门和财务部门都很关键。在财务共享中心模式下，快递企业要实现成本费用核算信息的共享，提升两者的沟通效率，加强信息共享模式的构建。

第三，资金集中支付共享。所谓资金集中支付共享模式，主要是将业务主体中涉及财务方面的支付工作从业务主体中分离。

第四章　管理会计——业财融合的桥梁

第一节　数字化时代的业财融合管理会计系统构建

一、业财融合与管理会计的关系

（一）业财融合是管理会计发展的现实需求和必然趋势

在实践中，业务部门与财务部门在规划、决策、控制与评价活动中具有共同的目标指向及共同的数据信息支撑，通过网络信息技术实现两者信息流、资金流、业务流等数据信息的共享与融合，从而为企业价值创造提供基础和保障，具备必要性和可行性。对于传统的管理会计活动而言，业财融合立足于公司变革中的决策优化、经营改善、效益提高，通过打通企业内部各个部门之间的隔阂，打破每个部门对业务与财务原有的传统认知，将财务目标下达到每个部门，并定期从这些部门的业务中获得反馈，在信息的传递过程中不断实现部门间的沟通交流，以提高上下级部门间、同级部门间的工作效率，防止财务信息和业务信息相脱节。同时，对财务人员和业务人员的工作能力提出更高要求，以企业发展的总体战略为导向，强化风险控制能力。

目前，企业在追求高质量发展过程中主要面临几个方面的挑战：一是伴随着经济增长的放缓，特别是在国际贸易争端加剧的背景下，企业面临的竞争压力越来越大，提升管理质量、提高决策效率、降低经营风险成为企业生存与发展的必要路径；二是技术渗透带来的挑战，网络信息技术使企业的经营组织形式发生了深刻的变化，企业管理对信息的依赖性越来越强；三是传统的财务信息生成和利用模式已经满足不了现代企业管理的需求，客观上要求企业业务信息与财务信息深度融合。由此可见，业财融合是管理会计发展的现实需求，也是必然趋势。

（二）管理会计为业财融合提供切入点

1. 以全面预算管理为切入点

以全面预算管理为业财融合的切入点，一定程度上调动各部门人员的积极性，提高各部门人员的沟通能力，关于在预算中存在的问题，可以就现实情况成立业财融合预算委员会实施监督和协调。预算委员会是各个主要部门的骨干，具有一定的发言权，由预算委员会讨论和制定预算报告，各职能部门参与配合，利用信息技术精细化预算配置，尝试每周或每月总结编制总预算报表，及时分析不足之处。

2. 以成本管理为切入点

成本管理通过对成本的预测、预算和控制等一系列的流程，不断优化成本的每一个环节并降低不增值部分，从而实现成本效益的最大化。业财融合以成本管理为切入点，可以有效地从源头上实施控制，促进资源的合理利用，将目标分解到每一个工序、作业和人员上，同时将责任分解到每个部门的相关人员。成本管理需要财务人员深入车间和工厂详细了解产品的运作流程，再同业务人员沟通协作，对财务人员的相关要求比较高。全面预算管理贯彻企业的战略方针，可以全方位、多点面地将企业各个部门融入进来，这一过程需要各部门人员的配合。

3. 以投资管理为切入点

投资管理是企业扩张过程中必须要面临的问题，产品流水线的投资、企业的并购扩张等，以投资管理为切入点进行业财融合是明智之选。这个过程大致分为三个时期，即前期评估、过程监测和后期维护，前、中期需要财务部门根据市场向其他部门提供可行性评估，分析可能遇到的风险，力求收益的最大化和损失的最小化，后期需要根据各部门提供的数据分析出本次投资需要吸取的经验教训，业财融合为投资管理提供了更多的资源支持。

二、业财融合管理会计信息系统框架

（一）构建层级

业财融合背景下管理会计信息系统通常分为平台层、数据层、应用层三个框架层级。其中，平台层负责数据的收集工作；数据层负责数据的加工和存储；应用层负责企业的营销、投资、增资等方面的决策方案。

1. 平台层

平台层主要有 ERP 系统、管理系统、计费系统、生产管理系统等，以此保障所收集数据信息的全面性和实时性。平台层获取的数据信息包括业务数据信息和财务数据信息，包括结构化数据信息和非结构化数据信息。ERP 系统是现代化企业普遍选择的管理系统，其管理层面包括客户资源、项目运转、物资采购、生产销售等各个环节，是数据信息的主要来源。平台层所采集的数据信息越详细、越全面，越有利于数据层和应用层的运转，因此企业及管理会计工作人员需不断完善平台层的数据收集系统，在数据全面详尽对接的基础上积极提升信息收集的速度和精度。

2. 数据层

数据层需对平台层提供的数据信息进行分类储存，通常按照经营利润数据、销售分析数据、客户信息数据和企业成本数据等分类。现代化企业需要将数据信息储存于计算机设备上，要注重计算机办公硬件和软件的日常维护与更新，从而保障数据层信息数据储存的安全性和完整性。同时，利用大数据与云计算技术，对数据层数据信息进行集中化处理，推动企业财务工作向财务共享管理模式发展，集中企业精力发展核心业务，不断提升企业的核心实力及竞争实力。数据层需要将数据信息分类存储在相对应的数据库中，在企业管理层有决策需求时可以有针对性地获取所需数据信息，切实发挥数据的市场价值。

3. 应用层

应用层通常根据各类别的数据库存储的数据进行数据分析和预测，最终生成市场营销方案、投资方向方案、产品增资方案等，三者看似独立，实则环环相扣，相互促进。市场营销方案制订时可在应用层提供方案的基础上，对行业特点、销售区域、政策运用、客户特征、企业实况等方面进行整合分析，进而确定切实可行的营销方案及产品增资方案。同样，企业在确定投资方向时，需在精细化数据库分析的基础上，将企业经营渠道细分、客户群体细分、产品架构细分、经营利润来源细分，从而确定最终的资金投资方向及企业发展方向。

（二）逻辑框架

基于大数据分析的管理会计系统是人网交互、人机共融的智能管理会计系统，需要借助大数据、人工智能以及人类财务专家共同组成人机一体化的信息环境，其逻辑框架主要包括底层的数据收集、传输、管理以及上层的管理会计应用，基于大数据分析的管理会计系统逻辑框架如图4-1所示。

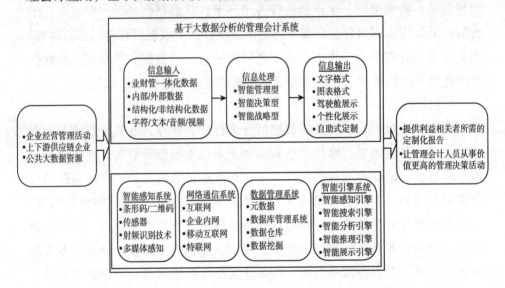

图4-1　基于大数据分析的管理会计系统逻辑框架

底层的数据收集、传输与管理主要是通过智能感知系统、网络通信系统、数据管理系统、智能引擎系统予以实现。智能感知系统利用条形码、传感器、无线射频识别（RFID）、光学字符识别（OCR）等技术，实时动态地感知企业外部环境和内部经营管理活动，并能自动地进行相关数据信息的采集工作；网络通信系统通过物联网、互联网、移动互联网以及卫星通信网络等实现数据的传输和共享；数据管理系统用于存储大数据分析所需要的元数据、各类交易处理数据（业务、财务、管理活动等）以及"四库"（规则库、方法库、模型库、知识库等），并在数据仓库和数据挖掘等商业智能（Business Intelligence）程序的支持下，为应用层的数据处理与分析奠定基础；智能引擎系统则通过公共的智能部件（智能感知引擎、智能搜索引擎、智能分析引擎、智能推理引擎、智能展示引擎等）面向具体管理决策问题，满足应用层各种智能处理的需要。

上层的智能管理会计应用层涵盖了管理会计信息处理的全过程。先是信息输入，按照会计信息处理的要求，智能获取企业经营管理活动以及外部相关数据，通过人机合作模式统一输入。然后是信息处理，管理会计并不是一个仅仅基于知识的体系，而是基于人对事物的判断力和决断力的学习系统。新时代管理会计人才要注重提升自己的全局管控能力、洞察力和预测能力。因此，基于大数据分析的智能管理会计系统利用大数据分析、数据挖掘、商业智能、神经网络、机器学习、深度学习等技术，改变了传统管理会计系统以处理交易性活动为主的特征，引入了面向财务预测、控制、分析与决策一体化应用的更高价值的管理会计活动，并逐步拓展至以分析、推理、判断、构思和决策为基础的战略决策领域，替代管理会计活动中人类专家的部分职能。最后是信息输出，针对具体管理决策问题，基于大数据分析的管理会计系统通过底层的各种智能引擎，能够实时、动态、直观、定制化地多维展示业务、财务、管理等融合报表信息，以满足企业内外部使用者个性化、多样化的信息需求。

三、业财融合管理会计系统功能模块

管理会计信息系统分为战略管理、全面预算、成本管理、投融资管理、风险管理、绩效评价管理、管理会计报告七大主功能模块，同时各个主模块又可进一步细分为不同的子功能模块，各模块间相互作用，相互促进，且各功能模块的信息产出统一由管理会计报告模块进行汇总、整理并自动生成报告以及时、有针对性地提供给信息需求者。

（一）战略管理模块

战略管理模块的主要功能是基于对企业内外部数据的收集、深入挖掘分析，利用相关工具对未来的经营环境、企业发展趋势进行科学有效地预测，服务于企业战略层确定企业未来的发展方向、愿景、明确战略目标，

并对战略的实际执行情况进行有效的控制、评价等管理活动。它包括战略分析、战略制定与分解、战略执行控制、战略评价、战略调整五个子模块。

1. 战略分析。主要是根据用户的需求自动调用数据中心中的企业内外部有关信息，如近几年综合业绩报告信息、生产情况、内部资源等信息，同时允许手工输入系统中未存在或未更新的相关信息，如市场变化、国家政策变化、竞争者信息等，并对其进行深入分析，如盈利能力分析、竞争者分析等，形成经营分析报告、竞争者分析报告等战略分析报告，为企业的战略规划提供有价值的信息支持，协助企业战略层做出科学的战略决策。

2. 战略制定与分解。战略层基于战略分析报告，借以系统知识库中的相关知识经验，再结合自身的经验，最终确定战略目标。以该目标为核心，可以利用工具库中的战略地图工具将其从财务、客户、内部流程、学习与成长等多个层面来进行细分并厘清内在联系，进一步将战略目标细分为多个短期经营目标，同时将其量化为相应的财务指标与非财务指标。

3. 战略执行控制。一般而言，企业的业务层根据战略层制定的目标来执行落实战略，战略执行情况直接影响企业能否创造良好的经济效益，所以系统需要对业务层中各责任中心的实际执行情况进行实时追踪，并将执行情况的相关数据及时提供给战略层，这样才能使得战略层对企业的运营情况、战略的落实情况做到心中有数。

4. 战略评价。主要是指根据预先设定好的战略评价指标对战略的执行情况进行评价分析以及奖惩，对于执行不好的业务活动，深入分析其原因并提出有效的改进措施，形成战略评价报告。

5. 战略调整。当出现内外部环境异常变化，导致战略目标难以推进的情况，战略层需要根据战略执行情况表与战略评价表对战略进行相应地调整。

（二）全面预算管理模块

全面预算被看作是企业的生命线，因为其上连着企业的战略，其下牵引着各项业务活动。集战略、预测、计划、执行、控制、分析、评价于一体，需要全员参与，并对企业的各项经营活动的开展进行全面反映、全过程控制，落实企业的战略目标的管理活动。全面预算管理模块的主要功能是基于对未来的各项经营情况进行科学、全面预测的前提下，将企业总战略目标以及经营目标通过计划、预算的形式一级一级地分解到各部门、各责任单位，对企业内部的各项资源进行配置，同时对资源的利用情况，预算的实际执行情况进行实时的监督、控制，进而对执行的具体结果进行评价并及时反馈给企业管理层与各业务层。具体而言，该模块又包括预算目标设定、预算编制、预算执行控制、预算分析、预算评价以及预算调整六个子模块。

1. 预算目标设定。主要是基于企业的战略管理报告，通过获取相关的企业内外部数据的基础上，利用系统内嵌的模型、工具如预算模型、趋势分析法等来对未来一年的市场环境、经济状况等进行全面的预测，帮助预算委员会明确总预算目标，并结合具体的情况进行由上至下的逐层目标分解，形成各责任中心的预算目标，并将其具体量化为相应的财务与非财务指标，形成各层级相对应的预算目标表。

2. 预算编制。其功能是帮助各责任单位明确其预算目标，主要通过预算填制、预算上报、预算汇总、预算审批四个子功能来实现。各责任单位先按照预先定义好的预算模板表来填报相应的预算数据或指标，然后上交到预算委员会进行汇总、审批，预算委员会将各责任单位的预算表进行统一汇总，并通过评估各项预算是否与总的预算目标一致来进行审批，未通过审批的预算需要返回进行修改，并重新进行审批，获批的各预算表均被自动保存，形成各责任单位的预算目标表，以指导各责任单位开展各项业务活动。

3. 预算执行控制。主要是帮助实现预算管理委员会对各责任单位的预算执行情况进行实时的监督控制，以保证各项业务活动是按照预算目标来推进的。可以细分为预算数据追踪和设定预算预警指标两个子功能。即通过对各业务系统的业务活动的相关数据进行实时数据可视化查看，以监督预算的执行情况。同时，可以通过设置预算预警指标来对实际执行的情况进行有效监督控制，如设定生产率、库存周转率等相关指标的具体区间额度，超过额度即会自动触发报警机制。

4. 预算分析。其主要功能是对预算的实际执行情况与相应的预算目标表进行自动对比，并进行多维度、多层次、多角度的差异分析，找出发生预算与实际不符的原因，同时提出相应改进措施，形成差异分析报告。差异分析报告应及时反馈给相应的责任单位的负责人，以指导责任单位对相关业务活动与流程进行改进。

5. 预算评价。其主要是基于预算目标设置的预算考核指标按照科学的方法对预算的执行情况进行评价，以加大预算的管理力度，并形成预算考核评价报告。

6. 预算调整。主要是帮助企业内部进行预算调整申请、预算调整审批。责任单位根据实际需要以涵盖调整原因、调整计划等信息的报告形式提出预算调整申请，预算委员会对相关情况进行查验、分析，并作出"批准"或"不批准"的审批决定，但若是重大的预算调整事项，应该上报管理决策层进行审批。

（三）成本管理模块

成本驱动着企业利润的产出，企业的资源通过成本的发生来实现价值提升，并通过销售或提供服务等方式取得收入来实现价值的转移，为企业带来经济效益，进行精细化的成本管理对企业有着举足轻重的作用。成本管理模块的主要功能是通过与全面预算模块与绩效评价模块相结合，聚焦企业的整个价值链条，利用相关方法、模型来对企业的各项成本进行事前规划、事中控制、事后分析评价的管理，最终形成成本管理会计报告，以为各层级的管理者提供决策依据。具体由事前成本管理、事中成本管理以及事后成本管理三个子模块构成。

1. 事前成本管理。这个功能主要由全面预算管理模块中的成本预算来实现。但需要强调的是各业务部门在进行成本预算时需要融入精益管理、价值链管理等思想，在基于满足客户需求的前提下，对企业内部的各项业务流程进行价值分析，对各项支出成本对经济绩效的贡献进行分析，摒弃业务活动中低经济效益、低价值的业务流程，对业务流程进行优化改进，保证每一业务流程都能为企业经济绩效做出贡献，打造出一条高效益的价值链条，这样才能优化利用企业有限的各种资源，并转化为企业的价值流入，体现成本管理的价值。

2. 事中成本管理。主要是实现对企业各项业务活动的实际成本信息进行实时地监控并反映。这需要财务与业务流程相融合，将财务数据的采集点从产品生产环节向前延伸到研发设计环节，向后延展到售后服务环节，实现产品的全生命周期成本的数据记录。为系统方面追踪成本信息提供基础，同时利用信息处理技术对一些非财务数据如剩余工作量、剩余人工量等以及其他的沉没数据进行深入挖掘，找出有价值的信息，并及时通过系统予以呈现。

3. 事后成本管理。主要是对企业各项业务的实际成本进行分析与评价，又可分为成本分析与成本考核评价。成本分析主要是财务人员通过将实际成本与成本预算目标表、标准成本表、成本考核表等进行对比分析，同时应与对标企业的相关成本进行对比分析，并找出存在的问题及与之对应的原因，针对这些问题提出改进措施，形成成本分析报告。成本考核评价是指根据预先的成本考核指标对各业务部门进行考核，并形成成本评价报告。

（四）投融资管理模块

企业在确定战略后，需要投资活动来贯彻落实其战略，为满足投资需求，融资活动也必不可少。投融资管理模块的主要功能是基于充分的内外部信息对投融资的开展进行分析，对其具体开展工作进度进行监控，并对实际执行情况进行评价、总结，最终形成投融资管理报告，为企业的投融资决策提供依据。其主要分为投资管理和融资管理两大模块。

1. 投资管理。主要的作用是根据企业的战略规划，基于投资预算表，对各项投资活动的可行性进行分析，然后对相关活动进行监督控制，并对投资活动推进的具体情况及效益进行评价。其又可分为投资分析、投资控制、投资评价三个子模块。投资分析主要是从统一的数据平台中获取企业内部有关数据，如现有资金、技术等，并利用数据爬虫等相关技术对投资对象的相关情况数据进行收集，在充分的数据资源的基础上利用净现值、内含报酬率等工具分析其可行性，形成投资分析表。投资控制是指对已开展的投资项目的进展情况、资金的运用情况、资金占用成本进行实时的监测，以及时把控投资活动是否按照预算在执行。投资评价的功能是以预先设定好的投资预算评价指标对实际的投资活动进行考核评价，并根据具体情况，提出相关的建议，为管理者做出投资管理决策给予支持。

2. 融资管理。主要的作用是根据企业的投资需求，基于融资预算表，对各项融资活动的可行性进行分析并对融资活动推进的具体情况和效益进行实时监督与评价。其又可分为融资分析、融资控制、融资评价三个子模块。融资分析主要是通过深入分析企业的资本结构、融资需求等内部相关需求与外部相关信息，权衡好融资与风险，形成融资活动的可行性分析表，提供给企业相关管理负责人。融资控制的主要功能是对完成融资后的还款情况、还款期限等进行实时地监测，可以建立统一的融资管理的台账来对融资的还款情况进行统一管理。融资评价的主要功能是以预先设定好的投资预算评价指标对实际的融资活动进行考核评价，并对企业的偿付能力、潜在的融资风险等进一步地分析，形成融资评价表以辅助企业更好推进融资活动。

（五）风险管理模块

每个企业都会面临风险，将其严格控制在符合相关制度要求和企业的风险容忍度范围内，是企业推进战略的保障。风险管理模块的主要功能是完成对企业面临的各种风险的全面识别、实时监控、准确应对、分析评价，并形成风险管理报告，辅助企业决策。其主要分为风险识别、风险分析、风险预警监测、风险应对、风险管理评价五个子模块。

1. 风险识别。企业在进行战略规划时，就会对企业可能会面临的内外部风险进行预测、识别，并根据企业中面向风险的数据集市中的相关风险历史数据，对相应的风险点设置一定的风险预警值以更好地管控风险。但由于内外部环境复杂、多变，还是需要对可能面临的新风险进行识别。主要是基于对数据中心的内外部数据充分收集，对企业经营活动中存在的风险事项、风险事件、风险因素进行识别，并将相关数据记录至风险主题数据集市中，以便集中分析处理。

2.风险分析。主要功能是利用风险评估分析工具对已识别出的风险事项的相关情况进行分析，主要包括对风险形成的原因、可能的特征、发生的概率大小、持续的时间、会带来的不利影响等方面，并能对各类风险按照严重程度进行排序，自动生成相应的风险清单，及时提供给管理者，为有效管控风险提供基础。

3.风险预警监测。主要是根据风险清单对各项风险设置相应的预警指标，并设定预警区间，将预警点设置在风险源头上，以及时监测各项风险的状况。当风险数据超过各预警区间的临界值时，系统会自动发出相应的预警信号。

4.风险应对。主要是各级管理层可以根据预警信号，根据企业风险管理目标采取相应的对策以有效地应对风险。

5.风险管理评价。其功能是按照预先设定的评价指标对企业各责任单位相应的风险管控活动进行评价，并形成风险管理评价表。

（六）绩效评价管理模块

绩效评价管理整合了企业战略、资源利用、业务活动与组织行为，以绩效考核评价与激励并重的方式，大力调动员工对预算目标的执行力，充分落实资源在各项业务活动中的优化利用，以促进战略目标的达成。绩效评价管理模块的主要功能是帮助相关部门根据各项经营活动的执行结果来对企业各员工进行绩效评价并进行相应奖惩。其包括绩效目标设立与分解、绩效追踪、绩效评价分析三个子模块。

1.绩效目标设立与分解。其主要是绩效管理部门根据总的战略目标来明确绩效评价的总体目标，对绩效目标基于不同管理层级、不同维度的绩效子目标，并将相应的绩效目标与分解报告分发至各层级。

2.绩效追踪。主要功能是利用系统后端 ETL 工具对各企业的业财系统中的有关绩效数据进行实时查询、抽取、转换、整合，再利用 DM、OLAP 等技术对相关数据进行深入挖掘与多维度分析，并通过可视化技术将企业各项绩效指标的完成水平同步呈现给各层级的管理者，以实现对绩效目标的实现情况进行实时的追踪。

3.绩效评价分析。主要是帮助各绩效评价部门对相应的评价对象，对企业全体成员的业绩进行定期或不定期的考核评价，并对考核结果进行深入分析，对未能达到相应目标的找出原因同时提出相应的改进对策，对超额达标的情况也要进行分析总结，以更好地优化各项业务流程及管理流程，并形成相应的绩效评价报告。

（七）管理会计报告模块

管理会计报告模块主要是对企业内部各类管理会计信息的汇总体现，主要功能是汇总、整合全部的管理会计报告并进行统一管理。各管理会计报告之间是相互联系、相互影响的，但各有侧重，统一于满足企业规划、决策、控制、评价等管理活动的需求。利用管理会计报告在企业不同层级之间信息的有效传递与沟通，提升信息处理、传递的效率，能够及时为企业的管理者提供决策的信息支持，这样有助于有效整合企业的各项资源，提高企业的经济效益与价值增值。

四、基于大数据分析的管理会计系统的实施思路

基于大数据分析的管理会计应用系统的发展是一项逐步推进、持续改进的系统工程，企业作为实施主体，需要在政府的引导与支持下充分利用市场机制，引入供应链上下游更多的社会力量协同参与。为了更好地推进基于大数据分析的管理会计系统的应用，需要考虑如下图所示的影响与制约因素。

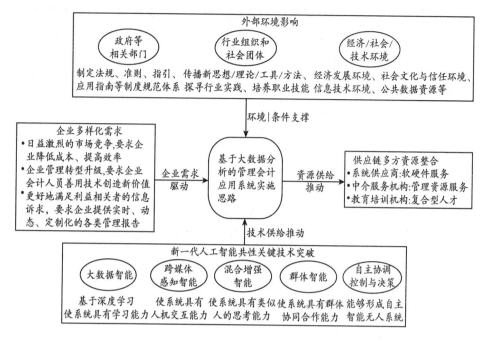

图4-2　管理会计系统实施的影响与制约因素

（一）企业需求驱动

企业应当在自身发展战略的引导下，正确认识基于大数据分析的管理会计系统的发展趋势，充分考虑自身的实际需求以及系统的合规合法性和社会影响，统筹谋划、稳步推进。目前，企业的战略需求主要基于以下几个方面：一是日益激烈的市场竞争，要求企业降低成本、提高效率；二是企业管理转型升级，要求企业管理会计人员善用数据分析技术更好地创造新价值；三是为了更好地满足利益相关者的信息诉求，要求企业提供实时、动态、定制化的各类管理报告。为此，企业需要建立健全管理体制，构建科学的组织架构，优化业务流程，确保企业治理机制、管理架构、业务流程、信息系统等。

（二）技术供给和资源供给推动

一方面，新一代人工智能技术的快速发展，特别是大数据智能、跨媒体感知智能、混合增强智能、群体智能、自主协调控制与决策等共性关键技术的突破，为基于大数据分析的管理会计系统的发展提供了重要的理论和技术支撑。其中，以深度学习为核心的大数据智能使得系统具有学习能力，跨媒体感知智能使得系统具有人机交互能力，群体智能使得系统具有群体协同合作能力。另一方面，与基于大数据分析的管理会计系统相关的软硬件系统供应商、咨询机构、高校与科研院所以及各类教育培训机构、外包服务机构等，能够提供企业所需的软件、硬件、数据、信息、咨询方案、人才等多方面的资源。

（三）外部环境影响

政府相关主管部门通过法规、准则、指引、应用指南等制度规范体系，引导、协调、管理和推动基于大数据分析的管理会计系统。经济发展环境、社会文化和信任环境（特别是对大数据分析结果的信任程度）、法律环境（特别是数据隐私保护等）、信息技术环境以及公共数据资源的丰富度、可靠度、开放度和可利用度等，均会对企业构建基于大数据分析的管理会计应用系统产生重要影响。

第二节　基于业财融合的企业管理会计报告优化策略

一、管理会计报告概述

（一）管理会计报告的目标与作用

因为管理会计具有服务于企业内部、方法灵活、面向未来、会计信息不受会计准则约束的特点，所以管理会计报告作为管理会计结果的载体，其目标如下。1.解析过去：对过去发生的财务数据和业务数据进行深入地加工、重组和分析，为管理层更好地对未来规划决策和控制提供支持。2.掌控当下：管理会计报告在控制中的作用通过一系列指标纠正实施过程中的偏差，使企业的经济活动能够严格按照预定的战略方向有效进行。3.规划未来：预测和战略决策是规划未来的主要形式，管理会计报告充分利用所掌握的财务信息和非财务信息，利用现代化信息手段和管理会计工具，进行科学分析，及时、全面地帮助企业管理层规划未来，提高预测和战略决策的科学性。

管理会计报告按照事前、事中和事后三个阶段发挥的作用如下。

1.战略规则与决策支持。没有管理会计支撑的战略是空中楼阁，企业是一个"战略制定—战略实施（包括计划、组织、协调、指挥与控制）—战略调整（包括反馈）—战略实施"无限循环的主体。作为企业的决策支持系统，管理会计是企业经营管理流程的重要组成部分。

2.运营过程中的管控。企业在确定战略目标时，由于企业经营环境的复杂性、战略目标的合理性以及个人目标与组织目标的不一致等问题，会在经营过程中偏离战略目标。为了计算资源的投入产出效率，企业管理者必须对经营状况有深入的了解。

3.运营结果的业绩评价。为了确保企业战略目标的实施，企业需要按照预定的标准和评估程序，采用科学的评估方法，对业务单位和职能部门进行评估。其中，管理会计报告为考评部门和员工工作绩效提供依据。

（二）管理会计报告的特征

1.相关性。提供的信息与企业各层级、各部门管理决策密切相关。

2.灵活性。编制的周期、格式、内容、流程、方法等可以随需而定。

3.分层次。用于满足各个层级、各个环节的管理者需求。

4.多维度。信息维度更丰富，可按照多种标准进行分类。

5.可预见。面向未来、基于过去的信息分析现在、预见未来。

二、管理会计报告使用现状及存在的问题

（一）企业管理会计报告的基本内容

按照企业管理会计报告使用者所处的层级，可系统地将公司各层级管理会计报告分为如下表4-1所示的三个层级：战略层、经营层及业务层。

表 4-1　公司各层级管理会计报告内容框架

层　级	报告对象	类　型	分析重点	报表名称
战略层	公司股东大会、董事会、监事会等	战略类	外部环境	标杆企业对标数据分析表
				行业财税政策变动分析表
		综合类	内部运营	关键绩效指标预算对标表
				各产品线资源占用与价值贡献表
		经营分析类	内部运营	季度／年度经营运行分析报表
				融资需求分析报表
		重大事项类	投资管理	重大投资项目执行进度表
				重大资本运作项目执行进度表
经营层	总经理、副总经理、财务总监、总工程师等	预算类	预算目标可实现	预算对标分析报表
		绩效类	绩效考评结果	组织业绩评价分析报表
		成本类	运营成本	各产品线运营分析报表
			销售成本	销售业务预警报表
			研发成本	科研项目资源占用情况表
		投资类	项目进度	专项投资项目分析报表
			可研分析	项目可行性财务分析报表
业务层	公司业务部门、职能部门	研发类	研发进度	研发项目预算对标报表
			补助资金使用	国拨项目预算对标报表
		采购类	物料采购成本	物料采购降本对标报表
		生产类	全流程运营成本	产品线运营分析报表
		销售类	两金占用及效率	销售预警报表
		人力类	人工成本	人力资源变动情况报表
		资金类	资金成本	资金管理报表
		通用类	预算对标	部门财务状况变动表

（二）基于业财融合的公司各管理层信息需求分析

1. 战略层管理会计信息需求

公司的总经理、副总经理、总监高层管理人员等是战略层管理会计报告的主要使用者，他们需要管理会计报告及时、如实、全面地反映公司进行战略规划、战略制定、战略执行、战略评价以及其他方面的管理活动提供的相关信息。

（1）宏观环境信息。战略层管理者面对激烈的外部市场竞争，要及时把控相关行业发展趋势、企业战略规划相关的宏观政策、税费规定以及市场行情、竞争情报等形势。

（2）经营与投资信息。管理层不能直观地感受公司的经营状况，而在管理会计报告中，经过财务共享系统和可视化的管理工具拆解，以百分比的形式展现数据，让管理层能够更好地掌握公司经营信息。

（3）价值创造与社会责任信息。为了持续给公司创造价值，承担相应的社会责任，公司管理层要掌握本公司最新的价值创造信息和社会责任信息。例如，公司内部生产经营成果创造价值情况、相关方关注情况、员工培训和福利情况、客户满意度、员工满意度，和企业外部对社会的环保、提供就业等社会责任。

2. 经营层管理会计信息需求

公司的经营层管理者对经营信息的需求相对于战略层管理者，则更具体、更深入，用管理会计报告来增强各部门的业务执行管理能力和内部控制能力。经营层使用的管理会计报告是为了回顾上期本部门的经营决策实施情况，对本期经营目标的执行情况进行评价，分析本期经营结果的差异及原因、本部门业务在经营中面临的内外部环境变化、主要经营风险，以及研究下期经营目标和管理措施。经营层管理会计报告目的在于分析公司在特定时期内经营和管理中面临的问题，为未来的发展规避风险、持续创造价值，所以其信息需求主要包括以下几方面。

（1）生产经营信息。公司的营销中心、研发中心、制造中心和各职能部门负责人的工作重点是本部门负责的主要产品的生产成本和盈利能力，通过比对产品利润变化情况的业务原因和财务原因，为管理者未来生产安排做出最优方案。例如，本量利法所需的单价、产品变动成本、固定成本、业务量等一线业务人员直接接触的信息，反馈到管理会计平台可以及时地向经营层汇报本部门产品的盈亏平衡分析、目标利润分析、敏感性分析、边际分析等用于企业生产决策、成本决策和定价决策，也可以广泛地用于投融资决策的信息。

（2）资金管理信息。公司的资金管理是由财务资产部主要负责，资金的预算、周转、占压情况都是重点关注对象，会影响公司对资金的下一步安排。管理层将考虑采取应对方案对资金盘活，避免出现空置时间。

（3）绩效评价信息。公司经营层管理会计报告通过业务层提供的绩效执行信息对各部门相关责任人提供绩效评价的信息支持，主要是通过一线制造部门、业务部门以及职能部门按照绩效考核内部流程对评价对象通过绩效考核来获得的。

（4）全面预算信息。营销中心、研发中心、制造中心和各职能部门关注自身负责的预算指标的执行情况，通过与当前进度以及全年进度作对比，加强预算控制，并根据新政策、新技术和新业务及时调整决策部署，更好地为公司创造价值。

3.业务层管理会计信息需求

业务层管理会计报告是战略层管理会计报告和经营层管理报告的数据基础和信息基础。主要是为公司一线业务层管理者提供详细、及时的信息，涉及企业生产经营的各个环节，信息需求主要包括下以几方面。

（1）物流采购信息。公司采购物流部负责原材料、辅料、耗材等为制造中心生产部门所需的采购数量、采购时间和仓储存货等信息，业务层以此作为依据判断是否需要提出采购申请。同时，公司采购物流部的管理者还需要了解历史采购信息，如采购物料种类、供应到货时间、采购单价、供应商比价等信息，为后期采购业务中选择供应商、物流方案和采购议价等方面作出最优决策。

（2）产线生产信息。管理者需要密切关注产品的质量信息如合格率、制作周期、损耗等，员工生产线生产安全信息、产线工作效率信息，以及生产计划完成率等。对于日常作业，公司的制作部门、技术管理部门、生产计划部门等通常使用如材料投入量、周期产量、单位能耗、物料损耗量等作决策。

（3）产品销售信息。管理者通过本部门的经营环境和财务状况，了解营销中心和市场部的经营业绩和销售业务资源情况，使战略层到业务层自上而下地都能掌握产品销售信息，以此帮助营销中心提高整个公司的业绩和资源使用率。

（4）预算执行信息。公司的各责任部门的预算经过分解到达业务层，而业务层作为公司预算体系最基础的责任单位，对公司预算计划的实现起着决定性作用。

三、基于业财融合的管理会计报告优化策略

（一）战略层管理会计报告的优化

根据业财融合的需求，可以将公司的战略层管理会计报告从原有 4 类增加到 5 类，分别是战略管理报告、经营分析报告、风险分析报告、价值创造报告和社会责任报告。其中，战略管理报告是以公司的企业精神、核心价值观、使命和愿景为基础，针对的是公司未来发展方向、战略目标、经营任务对公司的资源做出合理决策和配置的报告。经营分析报告针对的是营运环节的异常与重大事项，以及运营所需资金的筹措方式，帮助企业管理者提升管理水平，提高运营效率和质量，增强价值创造，实现经营目标。风险分析报告是为了增强企业的风险管理，对风险进行有效地识别、评估、预警和应对提供决策支持。公司战略层管理会计报告优化对比如表4-2 所示。

表4-2　公司战略层管理会计报告优化对比

业财融合重点	原有战略层管理会计报告	优化措施	优化后战略层管理会计报告
战略分析	战略类（2 小类）	完善	战略管理报告（5 小类）

续　表

业财融合重点	原有战略层管理会计报告	优化措施	优化后战略层管理会计报告
内外部运营环境分析	综合类（2小类）	改进	经营分析报告（5小类）
	经营分析类（2小类）		
	重大事项类（2小类）		
经营风险	无	新增	风险分析报告（4小类）
价值管理	无	新增	价值创造报告（4小类）
社会责任	无	新增	社会责任报告（2小类）

1.改进提供业务信息的管理会计报告

（1）战略管理报告。企业的战略管理层在企业各管理层级中处于最高层，他们的目标是为企业创造可持续的价值。基于业财融合，对报告的内容做了细分，把原有的企业对标数据分析表和行业财税政策变动分析表融入战略分析报告中，新增加4类报告，包括战略制定报告、战略执行报告、战略评价报告和战略调整报告。所以，优化后的战略管理报告主要为公司战略层提供对战略的分析、制定、执行和评价等相关信息。具体包括如下方面。

①战略分析报告。公司可以运用 PEST 分析模型对政治因素、经济因素、社会文化因素和技术发展因素进行深度分析，运用 SWOT 分析法分析公司的发展机会和竞争力，运用波特五力模型将供应商定价能力、购买者的讨价还价能力、潜在进入者的威胁替代品的威胁、同行业竞争者的力量作为竞争主要来源进行分析。

②战略制定报告。根据战略分析报告的结果，战略层结合公司的愿景和使命转化为公司的战略目标。在设定战略目标时，制造中心、研发中心、

营销中心和各职能部门都根据自身需要设定本年的战略目标，并将其中的财务关键指标和非财务指标确定为目标值，与可利用资源报告中数据相匹配，有利于战略执行者更积极主动地去完成既定目标。

③战略执行报告。战略执行是将企业的战略规划、战略目标通过全体员工的努力变成现实的过程。战略目标在企业管理层确定后，向经营层、业务层及时传达，并在营销中心、研发中心、制造中心、各职能部门中得以分解、落实；为了更好地使战略目标落地，公司必须加强战略管控，结合财务共享中心的现代化财务工具的使用，以期将影响战略目标实施的各类影响因素，落实到公司经营管理的每一流程中，来保证战略目标能高效和顺利地实现。基于业财融合，通过战略地图以财务、客户、内部业务流程、学习与成长四个维度为核心，通过分析这四个维度的相互关系，绘制战略因果关系图，可以让管理层更直观地了解企业战略目标的执行情况。

④战略评价报告。公司可以通过战略执行报告反映战略目标的实施进度，来评价战略执行的效果，并提出相关修正举措，进行持续改善，不断提升战略管控水平。在具体实践中，可以对企业的内外部环境、资源配置、风险接受程度以及实施时间和进度等方面进行战略评价。

⑤战略调整报告。战略调整报告是对以上四个报告的总结，是战略管理报告不可或缺的部分。根据公司内外部情况的发展变化和战略评价报告的结果，对比实际营运情况、营运环境和战略执行情况等，对战略目标进行调整，以保证公司各层级对战略管理方向的把控。

（2）经营分析报告。战略层的经营分析报告是为了实现企业战略和经营目标来编制的。基于业财融合的需求，在公司原有的战略层经营分析类管理会计报告的基础上，新增加了经营计划报告、经营计划执行报告、经营计划调整报告，把季度/年度经营运行分析报表移至经营监控与分析报告中，新增经营绩效管理报告。具体分为如下五部分内容。

①经营计划报告。经营计划按时间可分为长期、中期和短期经营计划；按计划内容分为销售、生产、人力资源、产品开发、技术改造和固定投资等经营计划。企业在制定经营计划时，应以战略目标和本期经营目标为基础，分析和预测宏观经济形势、行业发展规律以及竞争对手情况等环境变

化，同时应对企业自身研发、生产、供应、销售等环节的营运能力进行评估，客观地分析企业自身优势和劣势以及面临的风险和机会等。

②经营计划执行报告。经审批的营运计划下达后，逐级向各中心、部门、班组、员工分解，确保当期的经营计划在各任务单元得到充分落实。经营计划在月度经营计划的基础上，再开展季度、半年度的滚动预测，季度/年度经营计划执行报告向管理层反映营运计划所对应的实际营运状况，为公司配置资源时所作的决策提供有力支持。

③经营计划调整报告。经营计划经过战略层和经营层的批准之后，分配至各中心、各部门后，原则上不能调整。但是，近几年外部市场环境变幻莫测、国际宏观经济波动，导致公司经营状况与预期相差超出可接受范围的情况时，甚至完不成既定经营目标，这时公司管理层可以根据具体情况适当地对经营计划作出合理调整，使经营目标符合现实情况。管理层在进行经营计划调整时，应分析和评估经营计划调整后对公司产生的影响。

④经营监控与分析报告。公司为了强化经营的日常监控，确保经营目标的顺利完成，经营监控与分析报告按照不同责任划分，分时间跨度地把经营监控时段按照日、周、月、季度、年等不同频率做了划分。经营分析是指以本期财务情况和管理指标为基点，通过相互对比分析查找异常点，并追踪其成因，最终提出改进措施，不断提高企业营运管理水平。

⑤经营绩效管理报告。以经营计划为基础，根据制定的绩效管理指标，对营销中心、制造中心、职能部门开展经营绩效管理。

2. 增加提供财务信息的管理会计报告

（1）风险分析报告。风险分析报告是为了强化战略层风险管理意识，形成与战略目标相应的风险管理理念，在管理层中建立健全风险管理机制，同时将风险管理意识覆盖到全体员工中。对内外部环境进行风险分析，从中找出潜在风险事项，制定出相应的风险应对方案供管理层参考。新增的公司风险管理报告分为四个方面。

①风险管理工作回顾报告。公司通过对比最近三年已经识别出的重大风险时间，列出对应当前风险点的预防措施，有助于管理层了解公司在运营过程中会遇到的风险种类、抗风险能力、公司风险管理能力。

②内外部风险因素分析报告。将内外部可能会影响公司的风险因素信息进行识别，归集潜在风险类别和风险关键点，分析该风险点的预期后果和表现特征。

③主要风险因素识别与评估报告。将内外部风险因素分析报告进行更加深入地分析，识别出其中的主要风险点，根据其对经营管理活动和未来发展的影响，为风险影响程度作出定量评估。

④风险管理工作计划报告。针对上述报告中对风险点的识别和评估，明确公司面临各类潜在风险应对预案，按照风险影响程度逐级制定相应的风险防控措施。

（2）价值创造报告。价值创造报告将公司中的各产品单元进行分析，分析具体产品单元的获利能力，识别创造的高低变化。通过对每个产品单元的制造周期的价值贡献变化进行对比。按照业财融合的路径增加 4 类报告。公司价值创造报告包括如下四项内容。

①价值创造目标报告。公司根据管理层既定的战略目标，设置适合自身发展需求的价值目标标准。

②价值驱动因素报告。结合潜在影响价值创造的驱动因素做出识别，归类为内部因素和外部因素，并构建相应模型。

③各产品单元资源占用比与价值贡献报告。通过结合价值驱动因素构建价值创造模型，结合战略规划目标，按照不同指标分析驱动因素与价值创造的关系，为公司管理层在做决策时选择出最佳方案。

④价值提升措施报告。通过上述三部分的分析，价值贡献部分可以通过可视化工具模拟多种生产经营安排的效果，便于管理层有针对性地调整公司战略目标的实现途径，制定相应的最优化价值提升措施。

（3）社会责任报告。将社会责任投入数据化后融入管理会计报告中来体现，不仅符合业财融合思想，还有利于管理部门实时了解差异信息，帮助公司做深度价值分析。

①员工成长预算报告。人才是公司持续经营的动力，员工成长预算主要包括员工教育经费投入、员工工作环境改善投入、员工健康和安全保护投入和员工福利。

②安全生产管理报告。工业类企业在生产时容易出现火灾等事故，安全生产管理报告能及时地汇报这些信息，将安全环保工作放在关键位置。

（二）经营层管理会计报告的优化

经营层管理会计报告是为公司经营层管理者开展与经营管理活动提供相关信息的对内报告。根据报告性质可以分为全面预算管理报告、投融资分析报告、盈利分析报告、成本管理报告、资金管理报告、绩效评价报告。在原公司经营层管理会计报告的基础上，由 4 类扩充到 6 类，使经营层管理者可以掌握公司的各类经营情况。公司经营层管理会计报告优化对比如下表 4-3 所示。

表 4-3　公司经营层管理会计报告优化对比

业财融合重点	原有经营层管理会计报告	优化措施	优化后经营层管理会计报告
预算情况	预算类（1 小类）	完善	全面预算管理报告（3 小类）
投融资情况	投资类（2 小类）	改进	投融资分析报告（2 小类）
业务成果	无	新增	盈利分析报告（3 小类）
成本管理	成本类（3 小类）	新增	成本管理报告（4 小类）
资金管理	无	新增	资金管理报告（2 小类）
绩效评价	绩效类（1 小类）	完善	业绩评价报告（3 小类）

1. 修正营运控制的管理会计报告

（1）全面预算管理报告。管理会计的核心工作是预算管理，没有预算也就无法开展事前的预测、事中的控制和事后的考核分析，先进的财务共享中心和商务智能技术为支撑企业管理者决策提供了有力的支持，但同时业财融合下的数据收集难度也大大提高。全面预算管理报告就是一个可以确保企业年度战略规划落地，加强事前、事中、事后控制，预防潜在风险因素，优化各部门资源分配的有效工具。基于业财融合的公司的全面预算管理报告是在原有经营层预算类管理会计报告的基础上改进而来，新增加预算编制报告和预算执行报告，原有的预算对标分析报表改为预算考核报告，为了实现公司战略规划，提高经营效率，强化风险管理，推动公司战略目标落地，将公司预算管理报告的内容主要分为三个部分。

①预算编制报告。公司财务资产部根据战略层制定的战略规划编制本年度计划，主要包括了营运预算报告、投融资预算报告和财务预算报告。

②预算执行报告。公司的预算执行分为预算控制、预算调整。预算控制是业务前、中、后全过程的控制。以公司预算执行差异报告为例，通过当期预算数与实际发生数的对比，向公司业务层反映预算执行的情况及解释差异发生的原因。

③预算考核报告。预算考核的重点是对财务指标和定量指标的考核，也是公司业绩评价的重点参考。根据绩效考核指标，将考核流程和指标加工成绩效考核模型，进行多层级、多部门的预算主体分类评估。预算考核报告能使每个责任主体、部门甚至员工个人对本期公司分配的责任有直观了解，有利于促进公司战略目标的实现。

（2）投融资分析报告。投融资分析报告分为投资分析报告和融资分析报告，能够降低投融资风险，健全投融资决策机制，优化融资结构。在公司原有的经营层投资类管理会计报告和战略层经营分析类、重大事项类的基础上，改为投资分析报告和融资分析报告。

①投资分析报告。公司基于业财融合的投资分析报告反映的是投资的执行情况和投资结果的评价建议，具体由财务资产部编制。投资分析报告包括投资计划报告、投资计划可行性分析报告、投资管理报告和投资评价报告等。财务资产部根据公司战略需要，定期编制中、长期投资规划，而后分解编制各年度投资计划。

②融资分析报告。融资分析报告包括融资计划报告、融资决策分析报告、融资方案实施与调整报告、融资管理分析报告等。

（3）成本管理报告。公司为了提高成本管理水平，促进企业降本增效，提升竞争能力，结合业财融合在原有的经营层成本类管理会计报告的基础上改为成本管理报告。成本管理报告反映的是制造中心、营销中心的产品和经济活动的全部成本管理信息，分为以下四方面。

①成本预算与核算报告。通过当期预算与本期实际发生额进行对比，找出存在的差异并分析原因。

②成本项目分析报告。产品成本分为可控成本和不可控成本，分别对每种产品进行不同成本项目的分析，可帮助管理者准确地了解企业制造中心、营销中心和职能部门发生的成本情况和项目进度情况信息，及时掌握生产部门的价值创造能力，把控年度目标策略的方向。

③关键指标分析报告。结合财务报告中的分析比率，在关键指标分析报告的基础上根据考核相关规定设置关键指标，能直观地看出产品成本的变化情况，揭示成本整体变动的原因。

④成本管理评价与建议。通过对各产品成本的分析可以识别出成本构成和对比情况，针对成本超额的产品给出降成本措施，提高制造部门的生产管理工作效率，合理分配各制造部门资源，降低产品成本。

（4）业绩管理报告。为提升企业绩效管理工作水平，调动员工积极性，提升价值创造力，实现企业可持续发展，企业可将原有的经营层绩效类管理会计报告改为业绩管理报告。其包括三个部分。

①业绩计划报告。公司根据本期战略规划与业绩评价期间的各类因素变动，编制各层级的业绩计划，并运用平衡计分卡构建指标权重体系。

②业绩执行结果与差异分析报告。根据上述报告中平衡计分卡指标和权重的情况，与实际执行的结果进行差异分析。

③绩效考核建议报告。公司的绩效管理工作由综合管理部负责，根据各部门的执行情况定期实施业绩评价，按照业绩计划设置各责任单元的考核项目，根据年度考核指标，对被考核部门的业绩表现进行评价。

2. 增加经营管理要求的管理会计报告

盈利分析报告。基于业财融合的公司在具备一定的信息化程度和管理水平的基础上，新增加盈利分析报告用以减轻本公司市场竞争压力、组织结构相对复杂的情况。

（1）盈利目标及实现报告。基于公司战略目标和盈利能力分析指标的需求，与本期发生值班对比，及时了解本期盈利目标的进度，并给出合理评价。

（2）利润构成及变动趋势报告。重点体现的是产品的利润结构及变动情况，预算与基期、基期与上期的变动对比分析，找出差异点并说明变动情况。

（3）盈利能力提高措施报告。财务人员和业务人员借助前述报告中公司盈利能力分析，从中找出影响盈利能力的主要因素，并根据公司业务发展情况提出盈利改进措施。

（三）业务层管理会计报告的优化

业务层管理会计报告是为营销中心、研发中心、制造中心和各职能部门开展日常业务或作业活动提供相关信息的报告，主要围绕一线生产经营管理活动来展开，重点对业务活动发生环节形成相应的管理会计报告。基于业财融合，业务层管理会计报告按价值链由原有的7类改为5类。公司业务层管理会计报告优化对比内容如表4-4所示。

表4-4 公司业务层管理会计报告优化对比

业财融合重点	原有经营层管理会计报告	优化措施	优化后经营层管理会计报告
研发情况	研发类（2小类）	完善	研发业务报告（2小类）
物料采购情况	采购类（1小类）	完善	采购业务报告（3小类）
生产情况	生产类（1小类）	完善	生产业务报告（3小类）
销售效率	销售类（1小类）	补充	销售业务报告（3小类）
人工成本分析	人力类（1小类）	补充	人力资源报告（2小类）
	资金类（1小类）	移至经营层	
	通用类（1小类）	移至经营层	

1.完善提供业务发生信息的管理会计报告

（1）研发业务报告。技术领先是企业实现战略目标的重要因素。公司技术创新管理始终坚持以服务科技创新工作为宗旨，加大对科研项目管理、资质与成果管理、对外科技申报管理、知识工程建设、标准化管理的力度、广度和深度，对相关研发管理流程与制度进行修订完善，提高工作效率和质量，全面保障日常工作的有序开展及各项重点工作的稳步推进。研发管理的作用就是为企业技术研发管理把关。

①研发计划报告。公司研发计划报告主要为研发中心负责人和下属部门负责人使用，用以掌握新技术的开发计划，内容包括预申报技术情况、预申报专利情况等。

②研发资源占用报告。科技创新投入是强化公司自主创新的基本保障，为了实现公司的可持续发展，紧扣"创新"和"效益"两条主线，以科技研发助推经营业绩迈上新台阶。

（2）采购业务报告。①采购预算报告。采购预算报告通过原材料预算、供应商选择、采购成本等存货情况与人工成本、运输成本、入库成本进行比较，选择最合适、性价比最高的物资以降低采购成本。②采购执行结果与差异分析报告。通过采购价格、采购数量交货时间的预算数与实际数对比分析差异及原因。③采购业务改善建议报告。根据发现的原因对比各项内部流程，为采购物流部管理层提出相应的改善建议。

2.补充提供业务完成信息的管理会计报告

（1）销售业务报告。①销售业务预算报告。销售业务预算报告服务对象主要是公司营销中心及下属的营销部和市场部。因为业务层身处市场一线，对市场波动情况的判断最为敏感，通过对原材料价格变动情况、税费政策调整、供应商等情况进行简要分析，预测出每种产品的订货情况以估算销量。②销售业务执行结果与差异分析报告。通过销售业务实际销量、销售单价、收入与当期的计划数值进行对比分析，找出差异并解释差异发生的原因。③销售业务改善建议报告。针对销售业务发现的原因，对上层管理者制定营销方向提供合理建议。

（2）人力资源报告。人力资本是人力资源发展的更高层次，人力资本是一切资本中最重要、最宝贵而且最具能动性的资本。根据公司的人力资源管理需求，将人力资源报告中的人力资源变动情况报表分为人工结构报告和人工成本报告。

①人工结构报告。公司人工结构报告是对各个部门内人员的组成情况进行分析，根据员工的年龄、学历、民族、工龄等情况作统计分析，让人力资源部和各部门管理层直观地获得本部门员工构成情况，及时调整和平衡人力需求。

②人工成本报告。公司结合人力资源制度和预算管理制度与下属各部门进行人工成本的全面管理，对日常发生的费用进行重点关注和跟踪，以期使人工成本得到有效控制。人工成本报告将当期的人工预算成本与人工实际成本对比分析，可以对人工成本进行有效地管理与控制。

（四）管理会计报告优化的保障措施

1.改进管理会计信息传递和反馈流程

第一，加强财务共享中心的使用与信息化建设。推进财务业务一体化，实现管理会计报告中业务数据、业务信息向财务信息的高效、自动化、无差错地报送是其应用的基础，打通管理会计信息的传递和反馈也是构建业财融合的根本。

第二，利用区块链技术改进管理会计报告的生成与传递流程（如下图4-3所示）。区块链采用网络传播技术，需要网络的参与者具有一定的计算能力、储存能力以及网络中具有足够多的认证节点。在企业内部，企业所有的业务都将纳入区块链网络中，所有的部门也将通过区块链联结在一起，实现信息互通互享。这种方式打破了传统企业中各部门互相独立的情形，提高了部门之间信息沟通效率以及协同效率。

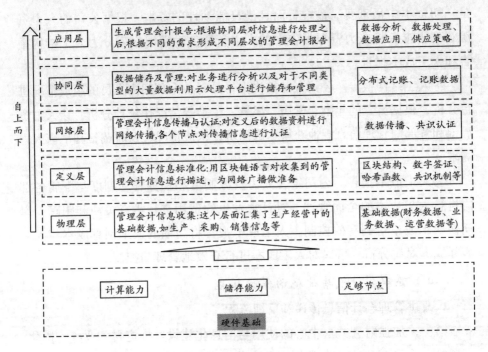

图 4-3 基于区块链技术的管理会计信息生成与传递

（1）物理层。主要是对管理会计报告所需要的信息进行收集，在大数据时代，企业的信息也呈现出来源多样化、类型复杂化以及容量巨大化等特点。在传统管理报告体系中，企业管理会计报告信息多源于企业内部并且大多都是结构化数据，对非结构化以及企业外部大量信息的利用并不充分。区块链技术的出现为企业数据的获取提供了巨大的便利：一方面，区块链分布式记账特点使得企业可以充分利用企业内外部财务信息、业务信息等。财务信息是伴随着业务信息并且涉及资金的信息，主要包括生产成本信息、收入信息、采购信息等；另一方面，通过区块链技术企业可以充分利用非结构化数据以及半结构化数据，将这些数据在区块链进行登记，分布式储存在区块链中。

（2）定义层。区块链定义层是将实体层的各种管理会计信息，利用区块链技术语言进行定义，定义之后，定义层将这些转化后的信息统一录入区块链系统，将企业各种信息标准化，使企业各类信息通过区块链结构进行表现。区块链定义模式实现了数据标准化，大大提高了部门之间信息传递和交流的效率以及数据处理的效率，实现了信息共享，按需索取的模式，也促进了财务信息与业务信息的进一步融合。

（3）网络层。根据区块链技术的定义，这个层面将会对前两个层面传来的信息利用网络进行传播，区块链上各个节点对传播的信息进行验证，确保传递的信息真实可靠。后续不需要信息收集，而是直接进行信息验证。验证通过的信息将形成新的区块进入协同层面进行分类储存。

（4）协同层。这个层次主要负责区块链上经过认证后的数据储存和管理。经过前面三个层次，企业中的管理会计数据经历了数据的收集、区块链处理以及全网认证。这些信息的真实性和可靠性得到了保证，但是由于企业部门较多、业务复杂以及信息的来源多样化，区块链将通过聚类分析、决策树分析、时间序列分析等将数据进行分类，为管理会计报告的生成提供前提条件。这些信息具体分为经营战略类、经营预算类、经营规划类、经营策划类、业绩考核类。

（5）应用层。根据协同层对数据进行处理分类后的结果形成多维度的业财融合管理会计报告体系。在区块链技术支持下，管理会计报告体系具有极大的灵活性，具体表现为不具有固定的报告格式和报告时间。决策者可以根据自己的需求以及时间要求，并据此做出经营决策。

2. 健全管理会计报告管理制度

管理会计报告作为企业的对内报告，定期或不定期的管理会计报告随着业财融合的发展，遍布公司的各级管理层。在为公司提升管理效率、创造价值的同时，所以要根据公司的组织架构特点，建立健全能够满足管理会计报告应用所需的由财务、业务等相关人员组成的管理会计报告管理制度。在管理会计报告的数据收集、编制、报送、审核、应用和反馈等各个环节都要有一套健全的管理会计报告管理制度，帮助公司的管理层应用管理会计报告，推动公司管理会计工作，也要确保其保密性。

3. 落实管理会计报告业绩考评机制

基于业财融合的管理会计报告的本质是会计报告职能转型、内容改变，企业在应用管理会计报告的同时，也需要完善和落实管理会计报告的业绩考评机制。为提高财务部门服务质量水平，公司应该建立完善的管理会计报告业绩考评机制，通过各管理层级对管理会计报告的应用，评价其工作效率、工作质量。落实管理会计报告业绩考评机制，帮助管理者及时发现管理会计报告在编制、报送、应用中的问题所在，有利于公司经营管理效率的提升。

第三节　基于业财融合的管理会计转型

一、基于业财融合的管理会计转型机理分析

（一）管理会计融入企业战略管理

战略管理是企业发展最核心的部分，企业的一切管理活动都是围绕企业战略展开的。战略管理对于为管理层出谋划策的管理会计而言，更是极为重要的。只有参与战略管理，管理会计才能以其面向未来的分析能力以及对各类信息的专业判断，为企业把好第一关。

管理会计为了融入企业的战略管理，真正发挥其管理的职能，要熟知企业的外部环境。企业的外部环境是企业生存发展的根基所在。周琳等人认为，企业的外部环境既可以为企业发展提供机遇，也可能会给企业的持续经营带来威胁。[①] 而转型后的管理会计应该做到在外部环境分析中为企业找准定位，为企业战略的制定提供有用的信息及数据支持。由此可见，管理会计融入企业战略管理需要财务部门和财务人员转变工作方式，放眼企业外部与未来。管理会计在对企业外部环境有了足够了解后，就要逐渐开始把其专业知识，以及关键职能引入企业战略管理中。

（二）管理会计融入企业预算管理

预算管理作为财务部门的本职工作，已经在企业中实践了很久，关于

---

① 周琳,潘飞,刘燕军,等. 管理会计变革与创新的实地研究[J]. 会计研究,2012（3）:85-93,95.

管理会计进行预算管理的研究已有很多。朱秀梅认为，企业的预算管理是综合反映企业在一定时期内生产经营活动目标和行动规划，通过预算管理的协调和控制功能，能够优化企业人力、物力、资金的使用，从而可以帮助企业决策者进行科学的战略规划。①冯巧根则认为，预算管理是通过对企业资源的合理配置，将传统企业的事后管理向事前预算、事中控制和事后考核的方向转变，使企业经营活动始终处于受控状态，以达到经济利益最大化的目的。②管理会计的各项职能完全与预算管理相契合，由此也可以看出，管理会计是企业实施预算管理不可缺少的重要组成部分。

预算管理是企业管理层控制企业的最直接手段，所以预算管理一直以来都是企业管理层关注的部分。近年来，预算管理可谓企业内部管理手段中应用最广的，同时也是最行之有效的方法之一。合理的预算管理可以为企业带来更加有序的环境以及更加稳定的收益；反之，不当的预算管理则会让企业处于一片混乱之中。只有管理会计在预算管理中充分发挥其职能，才能在不影响企业整体战略的基础上为企业争取到最大的收益。在实际工作中，预算管理不仅是对企业各部门的一种刚性控制手段，还应根据企业内外环境的变化而变化。管理会计应该结合企业外部信息、企业内部财务状况、企业长期战略进行综合分析，预算管理中的具体指标也应随着外部局势的变化而变化。

（三）管理会计融入企业绩效管理

管理会计的转型并不是要财务部门一家独大、取代其他部门的职能，而是要融入其他部门的工作中。在绩效考核中也是如此，管理会计并不会参与到具体的考核活动中，而是要参与到考核制度的制定中。

绩效管理就是协调集权与分权的方法之一，管理会计可以通过调整绩效考核的指标来调节集权与分权的度。例如，企业想要某子公司在利润增加的基础上加快资金周转的速度，管理会计就要将应收账款回收速度也纳

---

① 周琳,潘飞,刘燕军,等 . 管理会计变革与创新的实地研究 [J]. 会计研究,2012（3）:85-93,95.

② 冯巧根 . 权变性管理会计 : 创新驱动的战略选择 [J]. 会计之友,2016（12）:122-128.

入考核指标中，以此来提高子公司的周转效率，从而实现对下属单位的有效控制。而企业内部每个下属单位都有其相应的自主权，绩效考核与激励制度的另一大作用就是调动这些下属单位向着企业的战略目标前进。管理会计应好好地利用职能优势，深入了解业务，在参与绩效考核指标的制定为企业把关的同时，也能为自身融入企业业务收集更多信息、数据。许多企业在绩效管理中应用了平衡计分卡（BSC）的方法，这一理论认为，由于财务指标是在经济活动之后，如果用单纯的财务指标考核企业各部门，从时间角度来说，财务指标是相对滞后的。所以，平衡计分卡的方法旨在将企业外部的影响因素纳入绩效考核中，并将企业的长期战略细分为各种指标来建立平衡计分卡，再利用绩效考核的方式引导各个子分公司向着企业长期的战略目标努力。

（四）管理会计融入企业重大投资决策

企业的投资活动是企业执行整体战略中不可分割的一部分，也是衔接企业战略与最终经济绩效的核心部分。对于企业而言，重大投资活动是一种对未来的预测，并且决定着企业最终会取得的收益。企业的重大投资决策直接关乎企业的未来发展，而企业的重大投资活动往往伴随着周期长、规模大、投入高、不可逆、成本收回慢等特点。投资决策的原则，必定是要取得更多的利益，也就是让现有的资本增值。企业的重大投资决策是要面向企业未来的，并且其决定着企业长期战略的执行，以及企业长期的收益，所以如何判断市场的未来走势成为管理会计的必修课。管理会计要从收集的信息中提取有价值的部分进行分析，分析结果必须能给企业的管理者提供明确的信息。在实际工作中，管理会计在分析投资方向时还应掌握许多专业的方法，比如货币的时间价值概念，以现值的方法计算预计投资收益现值。只有当投资收益现值能够超过投资成本时，这个决策才有实施的意义，同时应掌握历史数据分析、经济趋势分析等方法，在此不再赘述。

二、管理会计转型的原则与途径

(一)管理会计转型的原则

管理会计在业财融合的背景下转型,在实际工作中需把握四项原则。

第一,战略导向原则。管理会计在进行管理工作时应考虑到,企业的一切经营管理活动都要紧紧围绕战略目标来进行。

第二,资源匹配原则。企业应把有限的资源,根据各业务部门与企业战略的关联程度以及重要程度进行分配,把资源运用到企业战略更需要的部门中,更好地匹配企业战略,完成经济利益最大化的目标。

第三,协同管理原则。在以战略目标为核心的前提下,各部门之间加强协同管理。只有各部门间互相配合,做到业财融合,才能提高企业运行效率,从而完成企业利润最大化的目标。

第四,风险匹配原则。管理会计在工作中应充分考虑项目的风险,以及企业的风险承受能力,保证企业平稳运行。

除了上述原则以外,在实际工作中可能还要参考融合性原则、权变性原则、价值创造原则、目标可行原则、责任落实原则、客观公正原则、规范统一原则、科学有效原则等。

(二)管理会计转型的途径

1. 管理会计融入企业战略管理的途径

管理会计融入企业战略管理,其目的是让企业长期稳定地朝着一个更好的目标发展。管理会计融入战略管理主要依靠其收集、整理以及分析信息的能力。这些信息来源于企业的外部环境和企业的内部状况。管理会计在处理此类信息时,要利用自身专业知识,做好筛选与分析工作。企业的战略管理是面向未来的,所以在收集信息与整理信息时要明白,这些信息必须是为企业的未来服务的;在分析信息时要始终遵循目标可行原则、资源匹配原则、责任落实原则以及协同管理原则,对企业内外部信息进行综合处理,让处理后的信息成为管理层判断的依据,才会帮助管理层做出合理的战略规划,最终为企业获得长期的效益,管理会计融入战略管理的途径如图4-4所示。

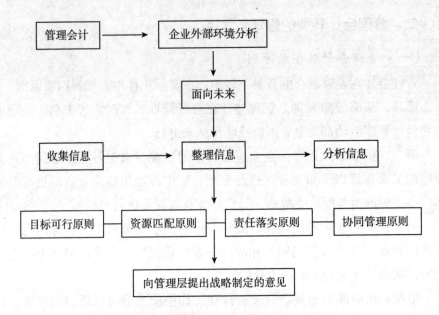

图4-4 管理会计融入战略管理的途径

2. 管理会计融入企业预算管理的途径

将管理会计融入企业预算管理，使企业的预算管理更有控制力。要考虑到预算管理的控制功能与协调功能，既要做到引导各部门朝着企业战略方向前进，也要做到根据实际执行情况及外部因素影响机动地调整指标。制定出符合战略导向原则、融合性原则、权变性原则的预算管理，以此帮助企业在人力、物力、资金的使用等方面得到优化，让资源配置达到最优结构，为企业长期稳定地发展助力，管理会计融入预算管理的途径如图4-5所示。

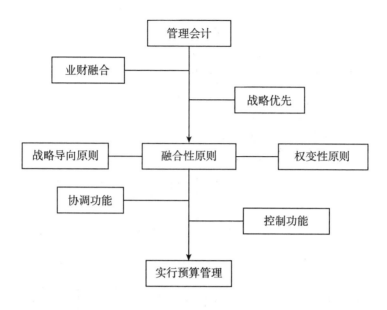

图 4-5　管理会计融入预算管理的途径

3. 管理会计融入企业绩效管理的途径

管理会计应该具备融入企业绩效管理的能力，帮助企业对下属单位或下属部门进行集权分权相协调的控制。这种控制要能够将各部门全面协调起来，并不以单一部门的盈利为目标，而是要使各部门携手为达成企业战略总目标而共同努力。在此期间，管理会计还能够通过绩效管理融入企业业务内容中，在企业内部向业财融合的实现迈出关键一步。最终，根据战略导向原则、客观公正原则、规范统一原则以及科学有效原则，给企业管理层就企业的绩效管理提出财务部门的专业意见，以达到绩效管理考核与控制的双重作用，管理会计融入绩效管理的途径如图 4-6 所示。

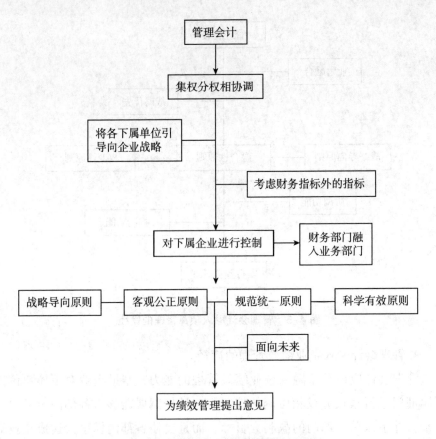

图 4-6　管理会计融入绩效管理的途径

4.管理会计融入企业重大投资决策的途径

企业在投资决策时也迫切需要管理会计专业的意见，而管理会计也需要融入企业的重大投资决策中实现自身价值。管理会计融入企业重大投资决策是为了给企业的投资把好财务关。首先，管理会计师有着判断未来形势、分析预测未来趋势的能力，所以管理会计要利用好这一能力，将企业重大投资决策的制定与企业长期战略相契合。其次，管理会计师应具备较高的财务专业水平，用准确的数据和理性的分析为企业重大投资决策做出预测并降低风险。最后，根据战略导向原则、价值创造原则以及风险匹配原则为企业投资决策提出合理化的意见，管理会计融入重大投资决策的途径如图 4-7 所示。

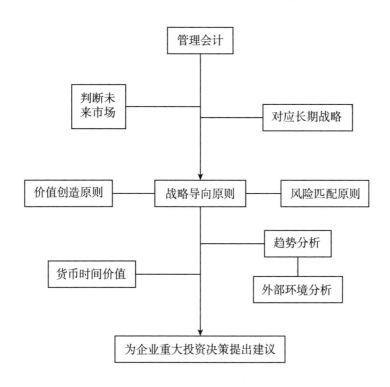

图 4-7 管理会计融入重大投资决策的途径

管理会计转型就是为了塑造面向未来且能充分发挥管理职能的财务人员。管理会计不仅要掌握财务会计的基本方法，还应发挥面向企业未来分析数据、制订计划的职能，与企业战略管理、预算管理、绩效管理、重大投资决策实现融合。首先，企业管理层与会计人员必须转变思想观念，学习现代财务理念，并了解管理会计转型的必要性；其次，管理会计需要在行动上进入业务部门，了解业务细节。在此过程中，与管理层、业务人员和其他相关者的沟通是不可或缺的，良好的沟通有助于转型的完成；最后，管理会计要求掌握现代信息技术手段，为企业捕捉最有价值的信息。

第五章　数据处理——业财融合的技术工具

第一节 从财务共享中心到数据中心

数字化管理的本质，就是量化管理的精确化，它体现的是管理的科学性，摒弃的是过去依靠经营管理者的经验和能力做出判断的粗放式管理，让数据说话、用数据决策、靠数据管理。

一、集团级数据中心的重要性

最近几年来，随着云计算、大数据、移动互联网、智能化等信息技术的不断发展，大型企业、互联网巨头、政府机构都纷纷建设数据中心，以满足自身业务发展与精细化管理的诉求。构建数据中心能为集团企业带来以下几方面价值。

第一，从技术层面来看，数据中心的建设是企业信息化建设的必经阶段，它代表了企业信息化的方向。信息化是当今世界经济和社会发展的大趋势，对提高企业竞争力至关重要。但是企业的信息涉及面广，各种应用系统常常不能有效地共享数据，数据的安全性受到了挑战，急剧增长的数据量使得既有的存储容量和应用系统难以适应企业发展的需要。因此，建设可靠性高、容量大的数据中心十分必要。

第二，从业务层面来看，数据中心是企业的业务支撑平台，数据中心的建设是支持业务发展、驱动业务增长的必然要求。数据中心建设越贴近企业的真实业务需求，越适应业务快速发展的需求，发挥的价值也就越大。企业在建立数据中心时要考虑目前及未来可能的业务规模、客户数量的持续扩大。

第三，从管理层面来看，数据中心的建设实现了企业信息的高度共享和整合，通过对数据资源的整合、挖掘和转换可以更好地为各级管理者的分析、决策提供依据。一个统一的数据中心,解决企业内部的信息孤岛问题,同时把企业内部不同地域、不同部门的信息整合起来,让管理者可以获得及时、准确、真实、可靠、全面的数据。

二、从共享中心到集团级数据中心

财务共享中心具备成为集团级数据中心的天然优势。

首先,在基础数据收集方面,财务共享服务中心使原来分散的数据得以汇总和统一处理,为管理者的分析与决策工作收集了大量可靠、低成本的数据。一方面,财务共享服务中心汇集了所有的核算数据,它将原本分散在不同地域、不同部门的全集团公司的会计核算工作集中到一个平台进行;另一方面,财务共享中心打通了财务和业务之间的壁垒,实现了对交易事项的集中式记录和处理,使企业从源头上掌握集团内部各单位的真实交易数据。

其次,在基础数据规范方面,财务共享中心通过流程再造,实现了对交易过程的显性化和规范化,夯实了数据基础,促进了流程、管理、数据质量的规范,使企业从源头上获取真实规范的高质量数据,使其成为今后战略分析、管理决策中的重要依据。

最后,在数据中心建设路径方面,财务共享中心是企业信息化平台中最贴合数据中心建设要求的系统平台,它具备成为集团级数据中心的最佳条件。从当前集团级数据中心的建设路径来讲,无论是从管理切入、财务切入或业务切入,都难以建成一个有用的数据中心。这是因为,管理层面尽管有战略和管理高度,但往往缺乏基础数据支撑;财务大多不懂业务;业务又大多不懂财务,也不了解管理需求。而财务共享中心可以提炼出管理者最关心的报告级数据,是管理者管控思想最基础的体现。

过去,传统财务共享中心集中的数据基础是对外披露的、以单体企业核算为主的"局部"数据。这些数据的局限性表现在以下几方面:只注重核算、忽视了分析;只有核算数据,没有业务数据;空有数据,但很难提炼出对管理决策有价值的成果。传统数据支撑体系的问题如图 5-1 所示。

图 5-1　传统数据支撑体系的问题

如今，瞄准管理目标构建的高级阶段的财务共享中心，即财务共享 3.0 阶段，将集成核算数据、预算数据、资金数据、资产数据、成本数据、外部标杆数据等与高层管理和决策相关的信息，成为公司未来决策最重要的数据支持平台，为管理会计的应用奠定了重要基础。财务共享中心的三个阶段如图 5-2 所示。

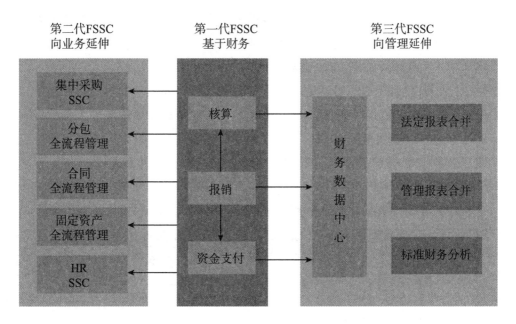

图 5-2　财务共享中心的三个阶段

事实上，通过财务共享服务中心组建一个真实、可靠、规范、全面且基于管理目标的集团级数据中心，进而得到企业数据的"全局视图"，是当下符合企业需求又切实可行的路径。

第二节　业财融合中的数据处理

财务共享服务平台的核心是先进的信息化办公平台，也就是说，从技术角度看，在"大共享"条件下的计划、管理、决策、办公等一系列的业务、财务活动都可以看作是数据处理活动，企业在采集数据、处理数据、积累数据、管理数据、运用数据过程中创造了价值。因此，以数据信息流向为主线设计共享服务平台可以最大限度地整合企业的全部活动，这条主线的设计理念越先进、技术水平越高，企业的运转效率也越高效。

从数据的流向看，它的整体流程可分为以下几个关键环节。

1. 收集、整理数据环节。就是数据的采集和预处理，这是开展数据处理、管理、运用活动的前提，对于财务共享服务平台而言，数据是组织业务流程、为管理决策提供信息服务的基础。

2. 处理数据环节。数据流入共享平台后，在不同人员、不同组织、不同模块之间流通，以数据流动驱动财务、业务、管理、决策各项工作的展开。在财务共享服务平台信息系统支撑下，数据流是否合理、是否畅通决定了工作开展效率的高低，数据处理问题从管理角度来说则是工作流程问题。

3. 抽象运用数据环节。利用先进的数据分析技术，一方面，财务共享服务平台可实时提供各类会计报表，准确反映企业业务状态和经营状况，为企业管理决策提供多维度信息支撑。另一方面，可依据客户历史信息形成针对性服务策略，提高服务水平，为企业创造价值。

一、数据采集与传输

（一）移动终端数据远程采集

移动智能终端具备接入互联网的功能，且通常搭载各种操作系统，根据用户不同需求可植入各类程序，移动智能终端包括智能手机、笔记本等通用智能设备，也包括为某一功能而制作的专用设备。

根据服务需求，用户可利用专用的智能终端进行扫描、拍照、录入等采集数据，也可在通用智能设备中植入 APP 进行便捷的数据采集工作。例如，对于普通报销流程来说，电子发票可通过微信、支付宝中植入的小程序获取，也可开发专门的发票识别软件；对于专门的批量报销来说，还可以研制处理效率更高的专用移动终端，通过拍照识别纸质发票等方式采集各类票据信息。这些数据可通过无线网络上传至云端，实现了利用移动终端轻松完成发票采集、在线填单、单据投递的报销发起工作。

采用移动终端数据远程采集策略的优势主要体现在以下几方面。

1.数据采集更加方便、灵活。无论何时何地，流程执行者都可以通过移动终端和共享服务信息系统进行数据交互，通过移动网络快速上传云端服务，使数据及时进入流程，保证数据采集的时效性。通过无线网络可以随时收发信息，实现了点对点的实时通信。

2.更加经济实惠。随着技术的成熟，各种移动设备逐渐平民化、大众化。

3.强化了数据责任人的意识。通过移动智能终端，可以完全保留每名对象的数据处理痕迹，数据可直接追溯到责任人的移动终端，极大提高了数据调查能力，进一步强化数据解释力度。

（二）数据机器人自动输入

数据机器人通过对人类判断和操作的模拟，能够进行数据的收集和整理，在结合一系列认知技术便能够实现对传统财务人工录入的替代。

对需要录入信息系统的数据信息，数据机器人模拟人员操作，先是识别纸质文件信息或接收电子文件信息，然后将预填充的数据自动录入对应区域，最后对原始文件进行归档。

采用数据机器人自动输入策略的优势主要体现在以下几方面。

1.办公的性价比提升。相较于人工，机器人可以全天候工作，工作容忍度高，不受人为因素干预。对不同的发票、合同等样本格式，只需要采用不同的程序模块即可实现批量操作，大幅度减少人力成本的投入。

2.数据的质量更加可靠。通过构造明确的运算逻辑和标准，使得输出结果统一，更有利于数据的进一步加工分析。自动进行的各个操作都会以数据形式沉淀在信息平台，具备可追溯性，一旦出现问题，更容易发现和解决。

3.数据采集更加迅速及时。机器人工作量和工作时间可根据需求延长，满足各项业务需求。

（三）射频识别技术提取数据信息

在基础数据的获取环节，公司可以利用无线射频技术将机器生产中的行为转化成可以被统计的数据。无线射频识别即射频识别技术（Radio Frequency Identification，RFID），是一种自动识别技术，其原理是通过无线电波对记录介质进行读写，实现数据的识别和交换。射频识别技术的突出特点就是不接触但可以非常快速地进行信息交换和存储，然后还可以通过连接数据库系统，供数据使用者进行访问。利用射频识别技术进行数据传输，可以大大降低人工统计的错误率，提高数据的及时性和安全性。

二、数据预处理

（一）数据预处理的步骤

大数据由于其数据来源多元化、数据类型多样化、数据结构复杂化，易导致数据质量良莠不齐。然而高质量的数据是开展数据分析的前提，进而影响相关预测和决策的准确性，对管理会计师的工作产生负面影响。准确性、完整性和一致性是数据质量的三个核心要素，具体来说，高质量的数据是完整的、有效的、准确的、相关的、一致的和及时的数据。高质量的数据是企业重要的商业资源和商业资产，是形成企业核心竞争力、增强企业价值创造能力的基础。为了获取高质量的数据，必须先对数据进行预处理，数据预处理是进行数据分析、挖掘前的重要准备工作。数据预处理主要包含以下步骤：数据清理、数据集成、数据归约和数据变换。

1.数据清理

数据清理通过填补缺失值、光滑噪声和识别离群点等，来纠正数据的不一致性。若数据使用者对基于这些数据所做的预测与决策结果产生怀疑。数据清理包括剔除重复数据、补充缺失数据、消除噪声数据等。在分析数据的产生来源和存在形式后，充分利用最新的技术手段和方法，将数据转化为满足数据质量或应用要求的数据。

2. 数据集成

数据集成是指对多源、异构的多个数据进行有效融合，主要涉及数据的选择，相关数据、冲突数据及不一致数据的处理融合等问题，有助于减少结果数据集的冗余和不一致性。

3. 数据归约

考虑到复杂海量数据的分析处理难度大，为提高分析计算效率，需要在不影响分析结果的前提下，通过维归约、数量归约和数据压缩等手段实现数据集的简化。其中，维归约主要使用数据编码方案，得到原始数据的简化或者压缩；数量归约主要使用参数模型和非参数线性模型，用替代的、较小的数据表示形式替换原数据；数据压缩主要使用变换得到原数据的归约或者压缩。

4. 数据变换

数据变换主要是找到数据的特征表示，用维变换或转换来减少有效变量的数目或找到数据的不变式，将数据转换成适合于后续分析和挖掘的形式。

（二）数据预处理方案

利用光学字符识别技术（OCR），可对扫描所得的图像进行灰度化、降噪、二值化、字符切分以及归一化等预处理，并能够对文字图像进行特征提取和降维，从而实现图像识别和分类。在此基础上，进一步对分类结果进行优化校正和格式化，最终将从图片中提取的关键字段信息，输出为能够结构化处理的数据。进而对关键数据进行审查、判断和分析，无误后按照标准模板输出文件，完成从图片到信息的转换与初加工。

数据的预处理可以由数据采集设备植入的程序自行处理，也可由财务共享服务平台以云处理的模式进行处理，或是在移动设备和共享服务平台上进行分步骤处理，数据预处理在数据流中的位置如下图 5-3 所示。原始图片、文本等非结构化数据同时沉淀在平台上，作为后续平台升级、数据深度挖掘的资源。

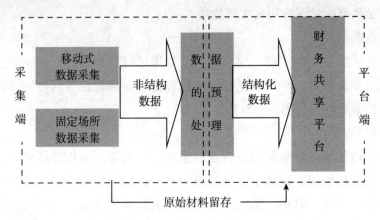

图 5-3 数据预处理在数据流中的位置

利用 OCR 技术进行图像识别方案的优势主要体现在以下几方面。

1. 实现了数据的智能化采集，为流程的自动化奠定了基础。经过预处理后，计算机对非结构化的数据进行整合，把不可进行统计分析的图片、PDF 等数据变成可直接处理的表格数据，形成可供各模块直接使用的标准化、模块化数据，为数据处理、分析、应用奠定基础。

2. 数据结构可灵活配置定义。根据业务特点进行类别管理及模板配置，自定义录入字段等要素规范，满足企业个性化数据采集需求。

随着以计算机视觉技术为代表的人工智能技术的发展，利用 OCR 技术进行图像识别，采集发票、合同等纸质材料信息并形成标准的、结构化的数据，从而保证了数据分析过程的时效性。

三、数据分析

（一）数据分析分类

1. 描述性分析

描述性分析主要回答过去发生了什么的问题，是数据分析中最简单的一个类型，也是最常使用的数据分析类型。通常以描述性统计、关键绩效指标（KPI）、仪表盘或其他类型的可视化数据来分析。描述性分析一方面反映过去，对过去进行总结，另一方面可以进行趋势分析，有助于加强成本费用控制和风险管控。

描述性分析意味着将过去和当前的数据转换为报告、图表、数据透视表等形式的可用信息，能够帮助管理会计师全面、高效地了解公司当前经营状况和财务业绩。例如，将营业收入增长率与前期数据相比可以帮助管理会计师了解公司成长能力，与行业基准相比可以看出公司是否保持竞争优势。除此之外，描述性分析在顾客、企业、员工层面也有助于管理会计师发挥其职能。

2. 预测性分析

预测性分析是根据当前可能收集到的数据对以后的某个时间点或者时间段进行预测，随着日期的临近，预测结果的准确性更高。管理会计师通过预测性分析技术可以更加准确地预测销量，再根据销量确定产量，进而确定原材料的采购量。通过对下一年业绩的预测，可以为企业、部门、员工设定相应的业绩目标，为年终的绩效考核提供参考。如果管理会计师认为实际的绩效比预期的结果要差得多，那么他们就需要判断这种缺陷是由于内部控制的缺乏，还是由不恰当的预测模型选择造成的。

3. 规范性分析

规范性分析主要回答如何做得更好的问题，是在获得描述性分析和预测性分析结果的情形下，通过寻找一个或多个解决方案，分析每个解决方案的可能结果，给出最优解决方案，从而能够有效地指导我们应该怎么做才能获得更好的结果。

随着企业间的竞争日趋激烈，要保持竞争优势，企业无时无刻不在权衡利弊，以做出最优选择。例如，对于产品同质化竞争十分严重的行业，产品市场份额的竞争是产品质量与产品成本的综合考量，为了既降低产品成本又保证产品质量，企业必须寻找最合适的原材料供应商，降低成本。

（二）基于财务共享服务的数据分析策略

1.构建面向需求的成熟报表体系

在成熟的报表体系下，共享服务平台数据可以自动完成包括价值分析、自动预警、趋势预测等数字化管理任务。例如，对于价值分析，可通过搭建综合性分析模型深度挖掘数据价值，分析数字背后的业务逻辑，实现从会计科目的小数据向多维分析的大数据转变；对贴合业务实际设计多样化预警模型，实时监控重点数据，及时发现数据异常，敏锐识别经营风险；对于趋势预测，可基于大数据建立多因素预测模型，探析数据中隐含的关联关系和内在规律，把握趋势、预测未来。

2.规模化数据的智能化挖掘

财务共享服务平台沉淀了大量的企业内部活动和与外部对接的过程数据，形成了数据规模，结合大数据分析模型及算法，在人工智能技术的帮助下，可从数据中挖掘出大量有价值的信息，并形成方案、建议，有效支持企业经营管理和决策，助力企业数字化创新。

（1）制定个性化服务方案。由于交易数据都经过财务共享服务平台，平台上会沉淀大量用户的历史行为，基于此，可构建个性化服务的推荐系统，使用智能化算法对用户的历史行为建模，搭建数学模型分析用户的消费取向和偏好，结合企业的服务项目计算相似度，进行智能化匹配，最后分析出用户感兴趣的项目，并将项目推荐给用户。这种智能客服、智能商业等真实场景的应用，在用户没有需求、需求不明确或者企业服务项目数量过多时，能高效地制定个性化服务方案为用户服务，提高服务质量，具体设计流程如图5-4所示。

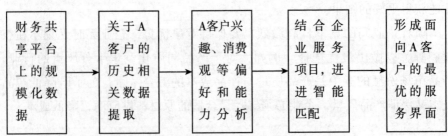

图5-4 基于数据的个性化服务方案设计流程

（2）参与规划、决策。在大数据的基础上，利用人工智能的算法，可将信息转化为知识，进而创造出智慧，用来提供自动化的智能知识服务。在当前技术条件下，通过为数据添加语义、规则，算法模块会自动地依据规则去分析、判断，进而基于数据进行分析、规划和决策，形成管理型的智能应用程序。对于企业管理来说，数据分析模块基于自身的规则能够直接提供对规划、决策等方面的意见与建议。

第三节　财务数据智能处理的技术支撑

一、OCR：让系统会"看"

（一）OCR 的内涵及应用优势

OCR（Optical Character Recognition）即光学字符识别，具体是指通过电子设备（如扫描仪或数码相机）识别图片上的字符，再经过检测暗、亮模式来确定其形状，并用字符识别等方法将形状翻译成可识别的语言。

OCR 的应用优势主要体现在以下几点。

1. 创新标引方法。针对文本形式的档案信息，建立档案目录数据库是较为有效的一类工作方法，但传统目录创建只能由手工录入，由此便损失了时间成本，OCR 技术提供了一种新的著录方式，使档案条目通过计算机录入成为可能。工作人员可以直接从 OCR 后的全文中找到著录项（如题名、文号、责任者等），复制粘贴到目录数据库的相应字段中去。此外，系统还可以对 OCR 后的档案全文进行词频统计、内容分析，从而自动提取关键词、主题词等标识符，一定程度上实现了档案内容的自动标引。

2. 实现全文检索。全文检索也是 OCR 技术具备的功能之一，以档案工作为例，其目录数据库相对复杂，不利于提升档案信息的处理效率。OCR 技术可帮助档案管理工作者进行全文检索，该种方式能将档案迅速扫描后，找出每个篇章下的关键字、词，由此实现全文检索工作，所以该种检索方式拥有较高查全率，帮助使用者较快寻找到可用信息，深度开发档案中存在的信息资源。

3. 双层 PDF 技术。所谓双层 PDF，就是一个 PDF 文件中的每一页都包含两层，上层是扫描所得到原始图像，下层是 OCR 识别的文字结果。这种技术在数字图书馆领域已得到广泛应用，如在 CNKI 等数据库中检索到的 PDF 格式的电子文献，大多采用双层 PDF 技术。由于采用双层 PDF 技术既能较好地保证档案的原真性，在用户需要时又能对档案中的文字进行选择、复制、搜索等处理，这一技术的运用以 OCR 技术为支撑。

4. 延展数据价值。档案数据信息，决定档案的凭证价值，在使用者想要查阅文件资料时，便可利用档案信息对原本数据的真实价值进行变化处理，如房产证、医保卡上存在的信息，是基于该档案信息上的原真性数据，借助 OCR 技术，发挥档案资料的真实价值。现阶段，纸质档案仍是市场流通中的重要组成部分，而部分用户借助 OCR 技术，便能减少烦琐工序、节约时间，延展数据信息的真实价值，提高使用成效。

（二）OCR 在财务共享服务中心的应用

OCR 的光电技术与识别应用相结合，可连接纸质信息与网络数据，在处于无网络状态下，也可更好地服务于财务共享工作，使得财务共享服务中心的运转效率逐步提高。

1. 沟通纸质与电子流程

OCR 技术可发挥纽带作用，将纸质文本上的财务信息与电子信息进行联通，确保线上线下技术能最大限度地融合，将审批流程中的数据流通过程加以管控，促进纸质数据能够充分结合网络电子表单流程，将各阶段财务数据明确展示。

2. 降低纸质凭证使用的必要性

原有服务中心进行财务作业时，会对人工处理过程带来较严苛的应用压力，因为人工处理过程严格按照原始凭证进行，所以当纸质凭证尚未返回到企业时，人工操作的审核环节缺失，导致流程进展缓慢，影响整体财务作业效率。原始纸质凭证、单据在经 OCR 技术处理后，可迅速完成高速扫描过程，由此便可生成电子表单，操作人员可将影像结果文件、电子数据表单进行完好匹配后，统一上传至服务中心，而该中心凭借影像及数据表单，能在便捷应用的情况下，完成各项付款行为，由此提高资金运转效率，降低纸质凭证使用的必要性。

3.OCR 技术的应用流程

前端业务处理的应用流程。经前端业务处理，财务操作经办人应在该流程开始时完善表单数据的收集整理工作。第一，经办人将纸质单据打印完毕，并交由现场管理人员审批，待审批通过后，则可粘贴附件，将纸质单据及各类纸质信息整合打包放至投递站，由此才算完成现场业务；第二，专员需要每隔数日，定时收集投递站中的纸质票据信息，并将其集合至企业规定的位置，批量扫描，由此得到了与纸质表单对应存在的电子表单，以及各类电子文件。此时，专员还需按照共享服务中心管理规定，继续完成既定流程，经电子数据审批完成后，进入服务中心进行后续业务处理。

共享中心的审批处理流程。当服务中心得到完整的电子表单后，财务业务执行人员可帮助共享中心完成审批流程，将得到相对应的电子凭证，该阶段凭证内容要和其余共享中心所使用的格式、模式相统一，保证共享业务有效完成，辅助企业与其他企业搭建起较快捷的沟通渠道。

纸质附件的归档处理流程。该流程中，专业人员需遵照服务中心管控原则，每一业务结算季度末期，将该周期下的所有纸质附件打包邮寄到服务中心。此时，在服务中心接收打包文件后，借助扫码枪扫描条码，便能直接得出该打包附件内含有的所有电子信息，此时系统还可弹出电子信息凭证，操作人员将该凭证打印出纸质文件，并粘贴到原始附件上。按照企业业务分类规定，进行适宜位置的归档操作，至此，业务处理行为完整落实新型技术改革流程，可大幅提升财务共享作业下的工作效率。

二、RPA：财务智能化的必经之路

（一）RPA 的内涵及技术原理

RPA 是指机器人流程自动化技术，这一概念最早来自信息技术自动化实战经验总结。电气和电子工程师协会（IEEE）将其定义为具有预定义规则、活动编排、连接不同系统特征的应用模式；Gartner 将其定义为可以模仿人类，具有工作流执行能力的软件而非物理设备；IDC（互联网数据中心）认为，RPA 能够执行的流程具有规则固定、重复执行、工作量大等特点。综合上述定义，RPA 是通过特定的、可模拟人类在计算机界面上进行操作的技术，按规则自动执行相应的流程任务，代替或辅助人类完成相关的计算机操作。

基于 RPA 的技术原理，其能够实现的功能包含以下五个方面：一是数据检索与记录，RPA 可以跨系统进行数据检索、数据迁移以及数据录入；二是图像识别与处理，通过 OCR 技术识别信息，并可在此基础上审查和分析文字；三是平台上传与下载，能够按照预先设计的路径上传和下载数据，完成数据流的自动接收与输出；四是数据加工与分析，包括数据检查、数据筛选、数据计算、数据整理、数据校验；五是信息监控与产出，RPA 可以基于模拟人类判断，实现工作流分配、标准报告出具、基于明确规则决策、自动信息通知等功能。

（二）RPA 在财务智能化中的应用价值

1. 流程自动化

基于 RPA 的技术原理，其适用于重复且界定清晰的确定性过程，即应用于大量既定规则的交易活动。财务是一个强规则领域，在业务流程中存在大量重复的工作需要手工完成，这些工作的业务特点与 RPA 技术的应用条件高度匹配，这也奠定了 RPA 技术在财务领域的应用基础，财务机器人由此产生。具体来看，财务机器人是 RPA 技术在财务领域的具体应用，即针对财务的业务内容和流程特点，通过模拟手工操作自动处理规则明确的、重复且耗时的人工事务性工作，进而帮助财务人员降低差错率，防范数据欺诈。

2. 人员解放化

财务机器人的应用目的不是实现对财务人员的替代，而是基于成本效益原则充分发挥财务职能的作用，进而促进财务人员的转型。RPA 技术能够实现费用报销、采购到付款、订单到收款、总账到报表、资金管理等财务流程的自动化，进而能够将基层财务人员从简单、重复、低附加值的工作中解放出来，让技术赋能财务人员，使其有大量的时间主动参与到业务分析、决策支持、预测等更高端的价值增值活动中，进一步实现由传统核算型向管理型、价值型财务人员转变。

（三）RPA 在财务智能处理中的应用场景

就 RPA 技术在财务管理领域的应用场景来看，基本覆盖了财务管理的方方面面，依据每个企业流程的规范化、标准化程度不同，RPA 技术应用的范围也不尽相同。具体来看，主要包括如下应用场景。

1. 费用报销

财务机器人在费用报销中的流程应用主要包括智能提单、智能审核、自动付款、自动账务处理、费用分析等内容。结合 OCR 技术，财务机器人能够对各类发票和单据进行自动识别、分类汇总并分发传递；根据预先设定的审核逻辑，财务机器人能够自动实现报销单据核对、报销异常事项提醒等功能；根据审核后的报销单，财务机器人能够进行自动付款；付款后，财务机器人能够依据记账规则自动生成凭证进行账务处理；整个报表流程中财务机器人能够根据报销费用数据进行实时分析，并对异常情况予以警示。

2. 采购到付款

财务机器人在采购到付款中的流程应用主要包括请款单处理、发票查验与认证、采购付款、账务处理及报告、供应商对账内容。财务机器人通过 OCR 技术扫描请款单并识别录入 ERP 系统；基于预先设定规则，财务机器人能够执行发票、订单、收货单匹配并确认收货，并对供应商提供的发票信息进行查验；基于认证后的发票，财务机器人能够进行自动审核、信息录入和付款；付款后，财务机器人能够根据付款信息导入总账并进行账务处理；根据预先设定好的对账时间，由人工触发财务机器人登录 ERP 系统查询供应商范围并导出，发送对账提醒邮件。

3. 订单到收款

从订单到收款的流程主要包括销售单录入和变更、发票开具、返利管理、收款到账、订单发货、收款核销等内容。财务机器人能够对电子订单或数字化的纸质订单进行识别和录入，同时对有变更需求的订单进行变更；根据订单信息，财务机器人能够自动抓取开票数据进行开票，并通过邮件方式传递至相关业务人员；财务人员定期从客户管理团队获取返利申请表并上传至内部系统，财务机器人登录返利管理系统，将返利申请表中的内容录入并生成申请号码，在更新申报处理状态后，根据返利订单发送相关信息至审批人邮箱；财务机器人通过登录网银系统获取银行流水，在精准筛选后将符合入账条件的数据录入；根据收款到账情况，财务机器人按顺序循环检查收款金额是否满足订单下放条件并予以释放；财务机器人从银行获取数据，自动认领来款，并同步至账务系统进行收款核销。

4. 总账到报表

财务机器人在总账到报表中的流程应用主要包括关账、账务处理、对账、报表出具等内容。期末财务机器人自动进行各项关账工作，如现金盘点、银行对账、销售收入确认、应收账款对账等。如有差异，财务机器人将发送预警报告至相关负责人，如对账无误，则自动进行账务处理；周期性地对账务进行记录和结转；每日自动完成对账和调节表打印工作；自行完成数据汇总、合并、邮件催收、系统数据导出及处理等工作，自动出具模板化报表。

5. 资金管理

财务机器人在资金管理中的流程应用主要包括对账、现金管理、收付款处理、银行回单管理等内容。财务机器人取得银行流水、财务数据，并进行银行账和财务账的核对，自动出具银行余额调节表；自动登录企业网银，根据设定的资金划线自动执行现金归集、现金计划信息的采集和处理，动态监控资金收支状况；根据订单信息和供应商信息自动完成收款和付款；根据银行资金支付的发出指令自动登录网银系统获取银行回单，同时登录影像系统，通过关键字找到唯一匹配信息自动进行挂机，并将结果以邮件的方式通知财务人员。

三、会计引擎：业财语言翻译器

（一）会计引擎的内涵

会计引擎是配置在业务系统与核算系统之间，通过标准数据接口接收业务数据，再按照设定的凭证规则生成会计凭证的工具。类似于在业务系统和总账系统之间架设了一个调制解调器，对接业财双边系统并完成从业务数据到财务数据的转换，从而形成会计凭证的输出。借助会计引擎，我们可以实现"业"与"财"在数据无缝对接的同时保持自身系统的独立性，并且专注于各自专业化领域的发展。

图 5-5 为一个简版的会计引擎基本原理示意图，其前提是设计一套完整的多维度字段映射引擎，并设计一张万能单据作为载体，当万能单据进入会计引擎后，系统根据万能单据的核心数据从后台调用设置好的映射规则，匹配不同场景的记账分录、字段信息和科目映射。这种方式在将业务系统从生成凭证的同时可以最大限度地减少系统为了财务核算需求而输出的信息，其所有映射信息和规则逻辑在前台都可以标准化配置，可随着业务场景新增和核算变更而变更。

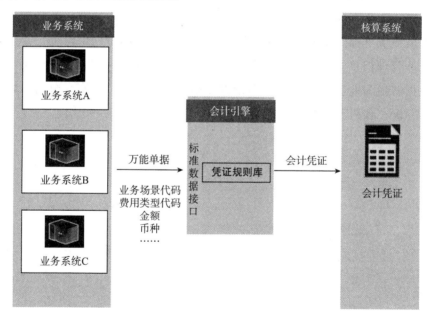

图 5-5　会计引擎基本原理示意图

（二）会计引擎的优势

1. 有利于业务流程的专业化

会计引擎是为了实现业务事件与账务核算的相对分离，核心业务模块或其他外围交易系统可以专注于业务处理流程设计、业务功能、交易速度、风险控制、数据归纳等，不受会计账务处理实效掣肘。

2. 有利于及时响应产品创新、准则变化等需求变化

企业产品推陈出新，业务交易形式复杂多变，但其会计核算场景往往差异不大，当新产品研发时，企业仅需更新产品工厂信息，利用原有的产品工厂与核心引擎的对应关系，或对原对应关系做出微调，便可直接自动产生新账务。这种处理模式下，产品创新的速度不受后台会计账务调整时间限制。

而当会计准则等会计核算规则发生变化时，我们仅需变更会计引擎逻辑，前端交易规则维持不变，不影响前端业务运营。

3. 有利于内部精细化管理

如今企业市场竞争加剧，产品创新层出不穷，需要精细化的管理为内部决策提供支撑。新核心业务系统部署的产品工厂和费用工厂登记了多维度业务管理信息，并且与核算引擎建立科学、明确的对应关系。便于将会计数据转换为业务数据，进行多维度（如产品、条线、部室、分行、风险等）分析，有利于内部精细化管理。

第六章　组织行为与文化
——业财融合的保障

第一节　顶层设计和制度体系建设

一、业财融合的组织战略模式

（一）财务主动嵌入模式

该模式是指财务主动嵌入并服务于业务部门的融合模式。其特征如下：①以业务经营为服务对象，主动重构公司财务组织以满足业务发展需要。②财务嵌入业务的动因，既来自业务对财务管理需求的驱动，也来自现代信息技术、财务共享等对财务组织转型升级的要求。③业财融合不仅是"业务融入财务"，还强调"财务主动融入业务"，即强调财务对业务发展的决策支持、资源保障、风险把控等方面。在这里，所谓决策支持是指主动参与业务决策，高度介入业务运作并进行精细化管理；所谓资源保障是指根据业务发展需要适时配置财务资源，支持业务发展；所谓风险把控是指在交易结构设计、业务发生等环节，财务根据合规性要求规范业务经营行为，并从战略、运营等各方面管理公司风险。

财务嵌入业务的融合模式，本质上可看作是在制度上不规范、不成熟的情况下，财务部门主动参与管理的自觉模式（从而有别于制度化模式）。在这一模式下，财务部门需要根据业务发展重构财务组织、重新定义财务职能。

传统意义上，财务组织结构设置主要依据部门职责，如会计核算、资金管理、税务管理等。随着会计核算体系的集中化、共享化，财务组织及其职责将一改核算型模式，向战略与规划财务（即战略财务）、业务决策与运营分析财务（即经营财务）和基于合规性的会计核算与信息共享财务（即基础财务）等架构转变。

财务主动嵌入模式的实施主要分5个步骤：根据企业经营模式进行经营环节分区；细分每个区域内的业务关键环节；确认每个细分业务下的财务相关点；根据相关点来确认财务管理控制点，并在整个经营过程中进行嵌套；串联各个控制点进行体系化闭环管理，逐渐形成业财融合的财务管理体系。

以传统制造业为例，根据传统制造企业以销定产的经营模式，主要将经营过程分为订单承接、订单排产、生产制造、销售及售后四个大的部分。销售订单承接为整个经营业务的驱动起点，实现销售及售后为业务终点，企业经营业务本身形成完整链条。针对每个业务部分细化了与财务紧密相关的经营环节，同时在经营流向下嵌套了财务管理的控制点，具体流程如下图所示，根据控制点进行财务管理的相关活动，根据业务本身来进行经营结果的预测、跟踪、确认和反馈。将所有业务导向的财务管理活动进行推进，则形成了封闭循环式的财务管理体系。

所有的财务管理活动综合在一起，主要形成两个闭环管理体系。第一，以损益表为核心的经营结果管理体系；第二，以现金流量表为核心的资金管理体系。

在订单承接阶段，根据投标文件的技术标准和投标价格，可以初步确定订单的收入水平和产品的设计成本，结合签订合同的交货期，组合预计同一会计期间内的销售订单，即可进行第一次收入、成本、毛利预测，考虑企业的费用率水平，即可得出初步的损益表预测，该预测可作为企业未来战略的数据支撑。在订单排产环节，根据采购计划和生产计划可以得出相对准确的材料成本和制造费用分摊情况，而订单的出产计划即决定收入水平，相应可以得出相对可靠的损益表预测，该预测则可作为企业年度经营方案的数据支撑。

到此，基本形成了以经营预测为主的财务管理的事前管控体系。在生产制造环节，通过跟踪设计方案、采购合同以及制造情况，可以计算出产品的变动成本和固定成本，实现相对精确的损益表预测，该预测可作为年度生产经营的过程纠偏以及经营方案调整的数据支撑，完成以经营跟踪纠偏为主的财务管理的事中控制体系。最后，在生产制造环节后期和销售环节，完成各个科目的记账、报表的出具和订单执行结果的确认，此环节除了准确反映和计量经营成果外，还可以对事中的纠偏进行检验，最终的结果也可以对事前的预测方法进行不断修正，订单一旦中标，则同步进入财务管理体系。

在资金管理方面，事前预测时根据合同条款、各个排产计划可以进行资金收支时点的前置管理，对资金缺口或冗余配以相应的融资或投资方案，进行资金平衡，生产制造环节和销售环节则是对资金平衡过程的执行和不断纠偏，通过反复平衡和执行，可以实现企业资金收支闭环管理和资金使用效率的不断优化。同时，资金管理体系结合应收应付科目，也可以作为业务部门客户管理体系、供应商管理体系的财务支撑。

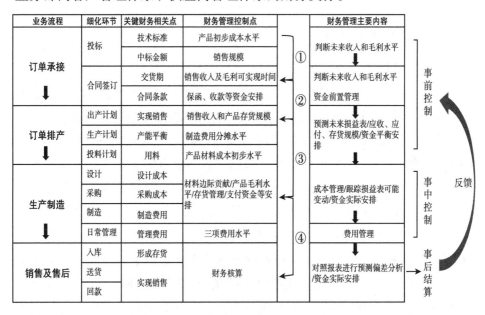

图 传统制造企业财务管理嵌套到业务流程

（二）项目制模式

业财融合不仅体现在制度化、主动嵌入等组织模式上，还经常体现在因业务经营需要而组建不同的跨职能团队、项目团队等项目制组织形式中。跨职能团队是指在正式组织内部，由来自不同职能部门的人员共同组建的横向组织，它通过团队成员合作以实现新产品开发、提高组织运营效率等团队目标。跨职能团队具有相互依存、灵活、持续学习等特性。作为嵌入科层体系内、旨在增进各部门间的一种新型组织形式，它有助于提高组织灵活性和应对外部环境变化的能力，通过拓宽部门视野（即从过去的"部门"拓宽到"组织整体"）来强化信息沟通、知识分享以提高组织创新能力，激发组织变革。项目团队是为实现组织内部设立的重大项目（如研发项目、投资项目等）目标，而将相关设计、工程、财务、采购、生产等人员组建起来的正式组织。

理论上，上述三种模式之间不存在非此即彼的互斥关系，它们间的差异只体现在业财融合的应用层面和应用程度上。

二、制度体系建设

（一）职能管理体系

企业要积极构建与业财融合匹配的组织机构与管理体系，着力打造组织扁平化、跨部门作业、经营权力下沉、流程敏捷的职能管理体系。

业财融合的实质是企业市场经营线与行政综合线之间的协同与贯通。现存企业内部的科层组织、直线式管理、总部权力集中、各业务单元完全依令行事的管理体系是业财融合的组织桎梏。企业内部运营和外部价值链要实现一体化、无边界、数字化全覆盖，使市场、运营、生产决策与财务信息能够形成数据上移、平台管理、责任下沉、权力下放、独立核算、自主经营的高效运营组织体系。业财融合的实现在组织上必须模糊企业的运营前台与管理后台，打破各职能管理的条块，压缩上下级信息传递层级。在管理会计理论中，按照管控的重点不同，可分为运营型管控、战略型管控和财务型管控。其中，运营型管控总部充当经营决策与经营管理的指挥中心，强调统一经营运营、资源集中配置和业务管控，重视过程控制；战略型管控总部充当投资决策中心，主要负责全公司的战略规划、投资决策、协同发展，下属单位属于利润中心，具有较大的经营自主权；财务型管控总部充当财务投资中心，对各下属单元主要利用财报指标与业绩结果进行评价，不太关注具体的业务经营管理，下属单位在资源配置、战略规划、经营业务、财务收支等方面都具有较大的自主权。在业财融合的导向下，每个企业在综合内外经营环境、企业战略类型、下属单元对总部战略重要性以及自身管理基础与规范性等因素之后，可选择企业的管控模式，并保持一定时间内的相对稳定。管控体制不同，业财融合的工作机制、流程与重点都会有所差别。无论采用何种管控模式，有一点应该成为业财融合下相同的组织取向，即在企业内部应该大力推进市场化和契约化结算的机制。也就是内部经营关系尽可能模拟市场运作，通过签订合作协议，建立契约关系，明确服务双方合作内容、服务质量、响应速度等一系列权利和义务，促进内部分工与内部协同，既放大内部自主活力，也减少内部协调阻力。

（二）业绩评价考核体系

科学合理的业绩评价体系和薪酬体系，可以满足员工追求和实现利益的需求，对激发和调动企业员工主动参与、密切配合、相互合作的积极性有着重要作用。

第一，建立科学有效的业绩评价体系。在知识经济时代，拥有知识的人力资源已经成为企业生产经营活动中最为重要的一种资源，成为企业能否取得和保持竞争优势的关键因素。建立科学有效的业绩评价体系，一是要遵循可行性原则。绩效考评体系要适应本企业的客观情况，方案的设计要兼顾不同部门的工作性质。考核指标的设置，既要考虑员工完成本部门工作的情况，也要考虑其对企业整体效益所做的贡献。既要考虑员工独立完成本职工作的情况，也要考虑其为其他部门的工作提供的服务和帮助。二是要坚持公平公开原则。所谓公开，就是要让每一个员工了解、明确考评的政策与程序。所谓公平，就是做到客观公正，考评的结果能够真实地反映员工的实际绩效。三是要坚持及时反馈原则。考评的结果要能够及时地反馈给每一个被考评者，以帮助其改善自己的工作，充分发挥其沟通、奖惩、激励的功能。

第二，建立公平合理的薪酬体系。企业根据自身的客观实际构建一个公平合理的薪酬体系，让员工参与到价值分享的过程之中，有利于吸引和留住企业所需要的员工，提升员工的满意度和忠诚度，同时可以鼓励员工努力提高完成工作所需要的技能，全身心地投入价值创造的过程之中，以此来提高工作效率，从而加速业财融合的进程。公平合理的薪酬体系，包括薪酬水平和薪酬结构两个方面。就薪酬水平的确定而言，企业需要以科学的业绩评价为基础，根据行业的平均水平、自身的经营状况以及员工的期望水平等进行综合考量，确保每一个员工的薪酬水平与其工作业绩相一致。就薪酬结构的确定而言，企业应当多方面综合考量，包括固定工资与浮动奖金相结合、长期利益与短期报酬相结合、精神激励与物质奖励相结合等。

（三）人才培养和管理体系

具有现代意识和素质的人才是业财融合实施和推进的主体，健全企业人才的培育和管理体系，完善人才管理机制，可以为业财融合的推进提供人力资源支持。

首先，完善人才教育培训内容。业财融合需要业务部门和财务部门的人员，优化知识结构，提升综合素质和能力。要想适应这一需要，企业必须完善人才教育培训的内容，对企业员工进行综合教育和培训。对于财务部门来说，在强化对会计人员进行专业知识培训的基础上，要加强有助于提升其综合素质和能力的知识和理论的教育培训，如业务流程相关的知识，投资理财和资本运作方面的知识，企业战略管理方面的知识等。对于业务部门来说，要在强化其专业知识和技能的基础上，对其进行财务和经营管理方面的知识教育，强化其财务管理、成本投资、经济效益等方面的知识和意识。同时，不管是对于业务部门还是财务部门的人员来说，还要对其进行沟通协调、团队合作、信息管理、风险识别和防范等方面的能力训练，特别是要对其进行现代经营管理意识和理念的培养。

其次，健全人才培养方式方法。要结合时代和自身发展的需要，创新人才培养的模式，做到在岗培训与脱产学习相统筹，个人自学与师傅帮带相结合，日常学习与定期培训相补充，综合培训和专项培训相协调，理论学习与实务操作相统一，探索灵活多样的教育培训方式。

最后，健全人才培养的管理制度和政策。在人才教育培养方面，打造学习型企业，为员工学习提供人、财、物等全方位的支持。在人才的使用方面，要完善职务、技术职称的评定、晋升制度和政策，及时发现人才并将其安置到合适的工作岗位上。

第二节　业财部门协同管理

一、组建业财融合团队

业财融合团队是实现业财融合的前提，包括业财融合团队本身和业财融合合作机制。业财融合团队由财务人员、业务人员和相关运营人员组成，各部门合作利用自身优势和专业知识共同分析团队产品的成本、效益和风险的测算，借此完成决策。业财融合合作机制可以分为两种：一是派遣财务人员进入业务组；二是成立独立的业财融合小组。无论是哪一种方式，都必须明确每个岗位的分工和责任，务必使每个成员知晓自己的工作范畴，保证团队决策的有效运行。

二、强化财务部门与业务部门的合作关系

（一）建立业财沟通机制

由于财务与业务部门看待问题的角度不同，业务部门不理解财务人员对预算管理、风险管理以及价值管理的重视，财务人员对业务人员不能站在公司整体运营角度思考并解决问题感到不解，由于立场不一样，业务与财务部门经常产生矛盾；此时，财务人员需强化与业务部门负责人的沟通，对其部门员工进行培训，统一公司价值最大化的经营管理目标，所有决策建议从公司价值最大化出发，让各业务部门充分理解。

财务与业务部门应分享彼此的信息资源，而不是不考虑对方的需要导致信息孤岛。建立良好的沟通渠道，使正式和非正式沟通相结合，正式沟通渠道可以定期召开部门沟通协调会，针对业务财务中出现的问题进行协商。

（二）培养业务部门的财务思维

财务是一项技术性很强的工作，它有自己独有的一套术语、概念。随着时间的推移，财务人员已经习惯用财务语言来思考和发表观点。但对于一个没有财务工作经验的业务部门来说，这些专业语言非常陌生。财务所提供的信息，不能采用单纯的财务术语，而要更适合业务部门的理解和使用。

（三）培养财务部门互联网思维

财务人员受传统核算工作的影响，形成了严谨的工作风格，结构化的思维模式。业财融合要融合思维，培养财务人员的互联网思维和创新意识，积极促进财务与业务思维的融合。

1.跨界思维。财务人员在工作中需打破固化思维，参与整个业务运营中，提前筹划杜绝风险；经营分析不仅关注财务指标的达成，还要对经营结果进行事前预测，对业务目标的达成进行预警。

2.大数据思维。财务人员要善于从业务流程中提炼数据，将不规则的业务通过梳理进行标准化，通过信息系统的处理形成管理层所需要的数据信息，再通过对数据信息的分析整理提出管理建议。

3.简约思维。事业部财务应聚焦公司战略核心和现阶段重点工作，出具的经营管理报告，需从繁杂的数据中提炼出关键指标，重要信息传递给管理层和业务部门，简单明了，突出重点。

（四）财务部门向业务部门提供管理报表

财务部门应该多增加一些事前的、预防性的工作，定期提供数据，如收入预算与实际对比、项目利润预算与实际对比，以便让业务部门了解实际业绩怎样，并在此基础上讨论如何改进、哪些是重点。同时，在细节方面的数据分析也很重要，比如经营成本高了，业务部门需要明确哪一个产品的成本高了，哪一部分成本高了，是设备价格上升还是成本控制的问题。

（五）财务部门对业务数据处理提供财务支持

财务的各项职能，都是为了使业务部门的价值增值，而不是站在业务部门的对立面，强调对业务部门运作情况进行反映、控制和决策。业务部门在业务的开展过程中，需要财务人员提供财务支持，如市场营销案是否可行，项目现金流的评估、投资项目的可行性分析，业务开展是否符合税务管理的要求。任何一个营销方案都要经历策划、制订、实施、运行、结果的记录等过程，财务支持贯穿整个营销方案的业务流程。

业务伙伴——财务人员同公司业务人员的目标一致，就是要实现公司的利益。

业务规划者——总体规划和引导公司资源服务于最佳方案，参与方案的拟定和合同条款的制订，协助设计交易路径化解可能会遭遇的风险。

业务分析者——收集和量化公司的业务资源，掌握企业资源的总量和分布及使用状态，重点分析交易过程中资源的消耗和转化出来的新资源，评估企业资源的使用效率。

培训师——向非财务人员培训财务知识和讲解方案，并重点讲解相关的经济法规和政策，运用财务数据分析交易的结果和资源消耗。组织财务人员进行非财务知识的培训，使其了解公司业务和业务流程。

业务控制者——控制是手段不是目的，不能为了控制而去控制。应该正面引导公司资源的合理使用、规范业务流程和交易过程。

第三节　业财融合下财务人员的转型

一、财务人员的职能转型

在进行行业财融合时，单向的信息交流和传递无法帮助开展和实施业财融合，必须依托高素质的财务人员和高效率的信息互通渠道才能够确保业财融合的顺利开展。伴随着财务管理转型，公司财务人员的职能也随之转型，不再把工作重心集中在数据收集和基础的财务核算。如今，财务管理对财务人员的要求越来越高，财务人员职能的转型具体体现在以下几个方面。

（一）从"账房先生"到"军事参谋"

企业实现业财融合以前，财务人员一直在幕后充当"账房先生"的角色，其工作一般局限在会计核算范畴内，如成本费用、应收应付、职工薪酬核算等，并通过财务报表向管理层反映企业的经营情况。在业财融合模式下，财务人员可以通过大数据对企业各个经营环节作出合理的预测、分析和报告，从而为公司制定发展战略提供可靠的财务数据支持，并通过预算控制实现其"保驾护航"的作用。显然，财务人员作为"军师参谋"为公司实现战略目标提供了财务可行性支持和预算保障，有助于协助企业管理层及时对市场变化作出反应，推动企业目标的实现。

（二）从"服从者"到"参与者"

传统的财务工作是被动、服从式的：按照已发生的业务被动地记账、算账、报账；按照已生成的报表被动地进行事后的数据分析；按照管理层的指令进行财务管控、资金筹集与运作等。财务共享服务彻底改变了上述状况，它促使企业财务体系划分为共享财务、战略财务和经营财务三部分，财务人员的角色也随之转换为"基本信息提报者""战略支持者"和"业务合作伙伴"。具体而言，分流到共享中心的基本信息提报者将进行财务会计范畴内的业务处理或负责系统运行与维护等工作，他们将通过财务共享中心整合互联网资源，打造云端管理模式，为集团提供高效率高质量的会计服务。

（三）从"资源消耗者"到"价值创造者"

现代企业财务管理已进入价值型财务阶段。价值型财务以价值创造为中心，采用财务分析技术和决策模型，并通过财务组织体系的改善和优化，将公司战略落实为具体的经营目标和预算目标，借助预算管理、报告体系和预警机制等手段，保障企业的可持续增长，最后以相关的评价机制和激励机制来激励管理者和员工不断追求价值的最大化。财务共享服务不仅通过 IT 技术的运用与财务工作体系的分类提高了对信息的处理效率和服务质量，还使得企业价值管理的目标能够用数字体现出来，即财务人员通过大数据分析与财务预测，帮助企业管理者作出更为明确清晰的财务承诺，并通过全面预算管理保证价值管理目标的实现，由此降低投资者面临的风险，为投资者树立信心，提升公司价值。

二、财务人员需具备的素质与能力

而为了保证内部业务流程最优，必须有配套的人力资源、信息资源和组织资源，即以学习与成长视角为支撑。可见，财务人员为了适应转型必须具备新的职业能力，从素质、能力、知识等各方面不断完善自己。

（一）构建互联网思维，提高沟通合作能力

财务共享服务实现了财务工作与互联网的亲密接触，财务人员应顺应趋势，树立用户思维、社会化思维和平台思维等。

用户思维是指财务人员应确立以客户为中心的立场，增强服务意识。具体而言，首先，财务人员应认真了解和研究客户需求；其次，让客户参与到日常的流程、服务及质量改善活动中；最后，定期梳理归纳为客户服务过程中出现的问题，讨论并提出解决方案，从而使财务共享服务更加贴近客户需求。

平台化思维包括两层含义：一方面，要将财务共享服务中心打造成业务和财务之间对接、企业和供应商之间对接、企业和银行之间对接的平台；另一方面，平台化思维还意味着企业员工的个人平台化，增强全体员工的责任感，调动全体员工的积极性，增强企业的向心力。

业财融合模式使得财务人员的工作由封闭走向开放，由此也对财务人员的大局意识、服务意识、沟通与合作能力等提出了更高要求。财务人员必须以更加开放的思维主动与其他部门合作，从而促进财务职能的有效发挥。

（二）搭建复合型知识结构，拓展管理决策能力

在云计划、大数据与"互联网＋"的时代背景下，财务共享服务正向数据中心、成立独立运营的财务公司、提供咨询服务和增值服务等更高级的方向发展，从而促成了财务"两化"的实现，即财务人员的非财务化和非财务人员的财务化。

财务人员的非财务化意味着财务人员要从财务部门走出来，主动了解

企业的经营过程，并与业务管理人员建立合作关系，为公司战略的制定和执行提出建议和支持。非财务人员的财务化意味着各级管理层要掌握一定的财务知识，学会从财务的视角审视管理中遇到的问题。

可见，企业未来的发展需要依靠知识复合、能力复合、思维复合的多元化人才，财务人员应当按照上述标准不断完善自己，在促进公司发展的同时实现个人价值的最大化。

（三）形成专业化竞争优势，培养工作聚焦能力

传统意义上的专业判断基本上属于以会计、审计为基础的经验型专业判断，这种专业判断对其他从业经验和其他学科知识的依赖性微乎其微。然而伴随着财务职能的转变，专业判断正从经验型向专家型转变，即专业判断不仅需要丰富的会计专业知识，还需要金融、法律、统计、经营、工程等学科的知识和经验。在这种形势下，财务部门应该成为一个通过不同专业人员搭配组合实现复合化的高精尖人才资源池，财务人员也需要做到工作聚焦、专业分层，以更好地融入业务，为经营决策提供更为专业的支持，从而实现复合化与专业化的相辅相成。

业财融合为企业财务职能转变提供了有效支持，同时也促进了财务人员的角色转换。财务人员如果不具备转型的意识与相应的素质、知识和能力，将很难适应社会发展对会计职业的新要求。

第四节　基于业财融合的企业文化建设

企业文化是企业在生产经营活动中所培育起来的具有该企业特色的价值观念、企业精神、道德规范、行为准则、企业制度、企业产品等。企业文化对企业员工的活动具有约束、规范、引导、调控等作用。加强企业文化建设，培育相互信任、开放分享、团结协作、合作共赢的企业文化，有助于激励广大员工积极投身企业的生产经营活动中，为业财融合工作的推进营造有利的文化氛围。

一、培养员工共同价值观

实现从业财分立到业财融合的转变，需要财务人员和业务人员在思想观念上进行更新，树立和强化合作与共享的价值观。价值观对人的行为起着导向和规范作用，拥有共同的价值观可以使不同的人在思想和行动上保持协调统一。企业要想激励员工积极参与到企业的价值创造活动中，相互协作和配合，就必须要培养他们共同的价值观，使他们拥有共同的目标。为此，企业必须塑造企业的价值观，确立一个明确而清晰的共同愿景。同时，要加强对员工企业价值观的培养，通过教育宣传以及组织相关的活动，使企业员工认可并接受企业的价值观。一旦认可了企业的价值观，拥有了和企业相同的目标和愿景，企业不同部门的成员为了企业的发展，就会自觉、自愿地分享各自拥有的知识，相互协作，业财融合的管理模式才能顺利推进。

二、营造相互信任的文化氛围

相互信任是人与人之间进行有效合作的前提和基础。在企业的生产经营活动中，不同部门或人员之间不能相互分享彼此拥有的知识，除了他们各自所承担的工作内容和职责不同之外，还有一个非常重要的原因，就是彼此之间缺乏信任。因此，企业要通过文化建设，培育员工相互信任、相互合作的精神，营造相互信任的文化氛围。企业可以在生产经营活动中，通过组织联欢会、体育比赛、座谈会等方式，为员工之间的沟通和互动创造条件和机会。

三、构建开放共享的文化环境

在企业运营的过程中，员工出于对自身利益的考虑而对知识的分享和彼此之间的协作产生一定的抵触，而一个开放共享的文化环境则有助于减少甚至消除员工的顾虑，可以激励员工之间进行沟通与交流。构建开放分享的文化环境，可以借助多种方式来实现，如不定期地举办员工之间的交流会、沙龙等活动，营造开放、轻松、自由的环境，让企业员工在轻松愉快的氛围中逐渐培养共享、合作的意识和理念。

参考文献

散文诗

[1] 新道科技股份有限公司 . 业财一体信息化应用 [M]. 北京：高等教育出版社，2020.

[2] 孙湛 . 管理会计业财融合的桥梁 [M]. 北京：机械工业出版社，2020.

[3] 王珠强，陶克三 . 业财一体信息化应用 [M]. 北京：北京出版社，2020.

[4] 郭超 . 基于财务共享的业财融合问题研究 [M]. 长春：吉林教育出版社，2020.

[5] 石贵泉，宋国荣 . 智能财务共享 [M]. 北京：高等教育出版社，2021.

[6] 陈平 . 财务共享服务 [M]. 成都：西南财经大学出版社，2020.

[7] 薛祖云，林朝南 . 会计信息系统基于业财融合的 ERP 系统环境 [M]. 厦门：厦门大学出版社，2018.

[8] 施先旺，常法亮 . 业财合一·流程管控系列会计学原理习题与解析 [M]. 沈阳：东北财经大学出版社，2019.

[9] 许文达，石磊，姜艳 . 业财融合在"互联网 +"时代中的发展及创新模式构建 [M]. 长春：东北师范大学出版社，2019.

[10] 王斌 . 论业财融合 [J]. 财务研究，2018（3）：3–9.

[11] 周洁 . 基于业财融合的会计信息系统优化探析 [J]. 财会通讯，2019（4）：116–120.

[12] 冷继波，杨舒惠 . "互联网 +"背景下业财融合管理会计框架研究 [J]. 会计之友，2019（12）：19–23.

[13] 丛梦，王满 . 基于业财融合的管理会计应用与启示 [J]. 财务与会计，2019（7）：16–19.

[14] 张庆龙 . 业财融合实现的条件与路径分析 [J]. 中国注册会计师，2018（1）：109–112.

[15] 汤谷良，夏怡斐 . 企业"业财融合"的理论框架与实操要领 [J]. 财务研究，2018（2）：3–9.

[16] 郭永清 . 中国企业业财融合问题研究 [J]. 会计之友，2017（15）：47–55.

[17] 杜晓平，张勇，李涛，等 . 基于 OCR 和电子签名技术的结算单据电子化管理系统应用 [J]. 国网技术学院学报，2018，21（3）：31–34.

[18] 曾岸林 . 基于大数据技术的企业 ERP 的应用探究 [J]. 数字技术与应用，2017（2）：90.

[19] 刘洁.融入大数据技术的 ERP 数据新价值分析与研究 [J].计算机产品与流通，2019（11）：106，110.

[20] 黄妙红，何胜，王珏，等.OCR 技术在审计现场中的应用研究 [J].中国管理信息化，2020，23（16）：81-83.

[21] 田高良，陈虎，郭奕，等.基于 RPA 技术的财务机器人应用研究 [J].财会月刊，2019（18）：10-14.

[22] 陈珊珊，杨俊.基于业财一体化的 ERP 系统实施研究 [J].科技创新导报，2020，17（8）：113-114.

[23] 李燕，李娜.中小企业利用 ERP 技术提升业财一体化的应用研究 [J].纳税，2020，14（16）：172，174.

[24] 李丹，万馨阳，曾骏，等.企业 ERP 系统业财一体化权限管理风险控制研究 [J].商场现代化，2019（1）：120-121.

[25] 曾祥兴.大数据时代背景下企业业财融合一体化建设研究 [J].中国商论，2020（5）：33-34.

[26] 马贵兰.基于大数据思维的"业财融合"管理会计体系应用——以通信行业为例 [J].财会月刊，2015（32）：24-26.

[27] 王一萱.大数据技术在企业业财融合中的应用 [J].现代商贸工业，2019，40（33）：116-118.

[28] 傅元略.智慧会计：财务机器人与会计变革 [J].辽宁大学学报（哲学社会科学版），2019，47（1）：68-78.

[29] 陈虎，孙彦丛，郭奕，等.财务机器人——RPA 的财务应用 [J].财务与会计，2019（16）：57-62.

[30] 唐琦，姚晓林，官毅."大智移云"背景下 RPA 在财务共享中心的应用探索 [J].商业会计，2019（24）：118-121.

[31] 林宪平."互联网+"背景下企业管理会计职业能力构建探讨 [J].商场现代化，2019（4）：150-152.

[32] 尚君凤，王冰."大智移云"背景下的会计创新探析 [J].财会月刊，2019（19）：64-70.

[33] 张承茜.集团企业财务管理信息化存在的问题以及对策研究 [J].科学与财富，2019（27）：225.

[34] 张毓婷. 基于财务业务一体化的会计业务流程重组 [J]. 会计之友, 2012（31）: 38–41.

[35] 刘岳华, 魏蓉, 杨仁良, 等. 企业财务业务一体化与财务管理职能转型——基于江苏省电力公司的调研分析 [J]. 会计研究, 2013（10）: 51–58,97.

[36] 李莉. 企业集团财务业务一体化的探索与实践 [J]. 会计之友, 2013（1）: 26–28.

[37] 周卫良. "业财双向融合"启示下的管理会计人才队伍建设探讨 [J]. 会计师, 2016（17）: 61–63.

[38] 李扣庆. 业财融合: 现代企业经营管理精妙之所在 [N]. 中国会计报, 2016-12-16（6）.

[39] 李文节. 通信企业基于价值的业财融合分析浅谈 [J]. 管理会计, 2016（7）: 36–37.

[40] 罗由树. 浅谈通过加强业财融合提升软件企业财务管理水平 [J]. 财会学习, 2020（15）: 67–68.

[41] 张路瑶. 大数据环境下企业业财融合的应用研究 [J]. 商场现代化, 2020（17）: 154–156.

[42] 万顾钧, 邱玉霞. 财务共享服务助推企业财务转型——从华为与海尔实施财务共享服务模式谈起 [J]. 商业会计, 2020（1）: 100–102.

[43] 宗文娟, 王伯伦. 基于业财融合的企业财务共享模式研究——以华为为例 [J]. 财会通讯, 2020（12）: 173–176.

[44] 何淑芬. 企业财务管理中的业财融合问题探析 [J]. 财会学习, 2019（29）: 50–51.

[45] 焦可欣. 企业业财融合激励机制构建探讨 [J]. 合作经济与科技, 2019（21）: 128–130.

[46] 谢阿红, 卢敏欣, 刘雅庆. 业财融合视阈下企业新型管理会计信息系统的构建与应用研究 [J]. 当代会计, 2019（3）: 12–13.

[47] 屈涛. 立足共享服务构建集团级企业数据中心 [J]. 管理会计研究, 2019, 2（02）: 81–85, 88.

[48] 许立业. 基于 ERP 的 QC 公司业财一体化管理研究 [D]. 哈尔滨: 东北农业大学, 2020.

[49] 汤艳丽 . Z 集团财务共享模式下业财融合案例研究 [D]. 北京：中国财政科学研究院，2018.

[50] 任洁 . 我国企业集团财务共享服务中心的优化研究 [D]. 西安：陕西科技大学，2015.

[51] 王颖 . ERP 下的业财融合 [D]. 苏州：苏州大学，2017.

[52] 周智森 . 基于业财融合的一体化管控——以 TQ 公司为例 [D]. 广州：广东财经大学，2017.

[53] 张雅朦 . 基于"大智移云"的 X 公司业财融合案例研究 [D]. 苏州：苏州大学，2020.

[54] 安然 . 基于 OCR 技术的原始凭证电子化管理系统的设计与实现 [D]. 长春：吉林大学，2016.

[55] 钟文静 . 基于业财融合的企业管理会计信息系统构建研究 [D]. 绵阳：西南科技大学，2019.

[56] 王云龙 . 基于业财融合的会计信息系统建设研究——以贵州 HD 零售公司为例 [D]. 贵阳：贵州财经大学，2020.

[57] 于超 . 基于业财融合的 D 公司管理会计应用研究 [D]. 哈尔滨：哈尔滨商业大学，2020.

[58] 刘莹斌 . 基于业财一体化的企业内部控制体系应用研究——以 SX 公司为例 [D]. 西安：西京学院，2020.

[59] 唐弢 . 基于业财一体化的 A 研究所会计信息系统优化研究 [D]. 重庆：重庆理工大学，2017.

[60] 卫伟 . GLFD 集团业财一体化下的关键流程优化研究 [D]. 合肥：安徽大学，2019.

[61] 任德霞 . 基于业财一体化的 X 连锁企业会计信息系统优化研究 [D]. 重庆：重庆理工大学，2019.

[62] 陈书 . 业财一体化背景下 A 公司财务信息化建设研究 [D]. 广州：华南理工大学，2020.